이 도서의 국립중앙도서관 출판예정도서목록(CIP)은 서지정보유통지원시스템 홈페이지
(http://seoji.nl.go.kr)와 국가자료공동목록시스템(http://www.nl.go.kr/kolisnet)에서 이용하실 수 있습니다.
(CIP제어번호: CIP2018041637)

디자인 그림책 08

2NE1 씨엘 아빠, 이기진 교수의

글·그림 이기진

design house

이기진은 '보이지 않는 마이크로파를 통해 세상을 본다면 어떻게 보일까'
고민하고 연구하는 물리학자다. 서강대학교 물리학과 교수로 물리학을 연구하고
학생을 가르치는 본업 외에 동화, 에세이, 교양 물리학까지 여러 장르의 책을
출간한 작가이기도 하다. 하루 종일 연구실에 처박혀 지내는 동안 잠시 머리를
식히기 위해 그림을 끄적거리다가 이 일이 취미가 되었고, 두 딸 채린과
하린을 위해 처음으로 그린 동화 《박치기 깍까》를 내면서 하루아침에
동화 작가가 되었다. 자신의 책에 그림을 그리는 것은 물론, 여러 곳에서 전시를
요청받는 화가이기도 하다. 휴일이면 영감이 있는 물건을 수집하는 앤티크
컬렉터로 변신하기도 한다. 2015년에는 동양인 최초로 아르메니아 과학 아카데미
정식 회원으로 위촉되었고, 2016년에는 과학 발전에 이바지한 공로로 대통령상을
수상했다. 지금까지 쓴 책으로는 그가 사랑하는 파리의 일상을 그린
《꼴라쥬 파리》, 동화《박치기 깍까》, 교양 물리학에 관한《보통날의 물리학》
《제대로 노는 물리법칙》, 앤티크 이야기《나는 자꾸만 딴짓하고 싶다》,
청춘 일러스트 에세이《20 up 투애니업》등 10여 권이 있다.

프
롤
로
그

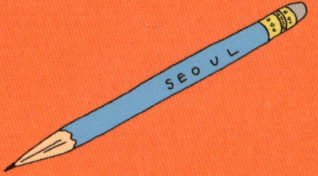

서울은 살기 팍팍한 곳이다. 전투태세로 뭔가를 헤쳐나가야 살아갈 수 있는 곳인지 모른다. 아침에 집을 나서는 순간부터 일과 후 집에 도착하기 전까지 생존하기 편안한 곳은 아니다. 금요일, 술집에서 좀 늦게까지 즐기다 보면 지하철이 끊기고 택시를 잡기 위해 거리를 헤매야 한다. 그래도 어찌어찌 집에 돌아올 수 있는 곳이 서울이다. 아침이 되면 어제 무슨 일이 있었냐는 듯 서울의 시간은 다시 시작된다.

서울은 멋진 곳도 아니다. 정리된 것 같지만 정리가 안 되어 있고, 비례가 맞는 것 같지만 자세히 보면 그렇지도 않고, 디테일이 부족하고, 조화롭지도 않다. 제각각이다. '어떻게 이렇게 도시를 만들었지?'라는 생각이 들 정도로 의아한 구석이 많다. 하지만 가끔, 예를 들면 비 온 다음 날 가을 하늘처럼 멋진 풍경이 나타나기도 한다. 그럴 때면 가슴 시릴 정도로 아름답다. 이게 서울의 본질일까? 꼭꼭 숨겨놓았다가 방심했다 싶으면 허를 찌르며 슬쩍 보여주는 아름다움이….

서울의 예측할 수 없는 도시계획도 어찌 보면 매력이다. 꾸준히 계획을 세워 서울을 조성했다면 지금의 서울은 없을지도 모른다. '끝까지 책임지지 않을 것 같은 책임자들'에 의해 서울은 계획되고 만들어지고 또 단절된다. 이런 불규칙한 리듬에 의해 완성되는 재즈 악보 같은 도시가 세계 어느 곳에도 없는 서울의 매력을 만들어가고 있는 것인지 모른다. 단정 지을 수 없는 것이 바로 서울의 매력이다.

서울의 또 다른 매력은 없애서는 안 될 멋진 풍경을 없애는 과감

함에 있다. 그냥 놔두면 될 일을 과감히 없애고, 그런 다음 없어진 것을 어렵게 다시 찾는 작업을 반복한다. 이런 과정이 창의적 발상이고 작업이다. 쉽게 버리고 어렵게 다시 찾는 과정 속에 망가져가는 것인지, 아니면 발전해가는 것인지 헷갈리는 곳이 바로 서울이다. 이 또한 세계 어느 도시에서도 발견할 수 없는 서울만의 매력 아닐까?

이 책에 실린 글은 처음엔 알차게 계획을 세우고 썼지만, 시간이 흐를수록 그 계획은 변형되고 변화하고 수정되었다. 마치 서울의 도시계획처럼. 하지만 이 글을 쓰면서 행복했다. 멋진 친구와 서울의 멋진 곳에서 한잔하면서 "맞아, 이게 서울의 맛이고 꼴라쥬지!" 감탄했고, 그 풍경을 가슴에 품고 글을 썼다. 한참 기분 좋게 쓰고 있는데 디자인하우스 최혜경 편집자가 "너무 먹고 마시는 이야기만 쓰지 마시고, 서울의 다른 면에 대해서도 써주세요" 했다. 그 말에 그나마 주제가 다양해졌다. 뭘 쓸까 생각하다 하늘을 보고 길을 걸으면 글감이 나타났다. 서울이 아니었으면 불가능한 일이다.

암흑의 우주에서 환하게 불을 밝힌 서울은 동화 같은 곳이다. 그 불빛 아래에서 사람들은 고기를 굽고 술을 마시고 음식을 먹고 어깨동무를 하고 잠을 자고 사랑을 나눈다. 서울을 보호하는 묵묵한 산과 강, 24시간 움직이는 사람과 자동차, 반도체 집적회로 같은 도시. 우주에서 바라봤을 때 서울의 불빛이 없다면 지구는 얼마나 외로울까. 이 도시에 불시착해 그 불빛 속에 살고 있는 나는 행운아임이 틀림없다.

006 　　프롤로그
014 　　공깃밥 한 그릇
026 　　생맥주 익는 밤
036 　　고깃집 불판
048 　　도장은 삶의 마지막 보루다!
058 　　을지로 3가의 6월은 탱고처럼 흐른다
070 　　세탁소 다리미의 멋진 마블링
080 　　오후의 떡집
092 　　중국집
106 　　서울의 막다른 골목
114 　　서울의 '원샷' 맥주잔

126 목기러기와 주례사
136 서울이 품은 남산, 남산이 품은 서울
146 막걸리 잔
154 빗자루
166 홍시냐 곶감이냐, 단감이냐 땡감이냐
176 서울의 1960년대 엽차 잔
184 양말 꿰매기
190 뭔가는 가는 도구
196 슈퍼마켓이 도마를 몰아내고 있다
204 물을 끓이면서 주전자가 서울로 돌아오기를 기다린다
214 수저통과 소머리국밥집

공깃밥 한 그릇

이렇게 건강하게 생긴 스테인리스 밥공기는 대한민국 말고 세상 어느 곳에도 없을 것이다. 어쩌다 이런 우주선 연료 통 같은 밥공기가 생겨난 걸까?

예전에 많은 식당에서는 달그락거리는 멜라민 밥그릇에 밥을 퍼서 줬다. 30년 전 내가 군대에 있을 때는 국방색 플라스틱 식판에 밥과 반찬을 담아주었다. 그 식판 중에는 한국전쟁 때 썼을 법한 베이클라이트(석탄산계 합성수지) 식판도 섞여 있었다. 그 녹색 플라스틱 식판은 오래 사용하면 표면이 지저분하게 일어났다. 플라스틱 그릇 시절을 지나 지금은 대부분의 식당에서 스테인리스 밥공기와 물컵을 내놓는다(바뀌지 않은 것은 멜라민 반찬 그릇과 종지뿐이다).

지금 같은 '스뎅' 밥공기 형태는 1974년 즈음에 만들어졌다(여기서 '공기'는 위가 넓게 벌어지고 밑이 좁은 작은 그릇을 말한다). 쌀을 절약하기 위해 나라에서 밥공기 규격을 정했는데, 지름 10.5cm, 높이 6cm의 밥공기에 5분의 4 이내로 밥을 담아 팔도록 행정명령을 내렸다. 예전에 비해 50% 정도 줄어든 양이다. 이 밥공기에는 약 350g의 밥이 담긴다.

뚜껑이 있는 밥공기 형태로 바뀐 것은 아마도 밀려오는 손님을 재빠르게 응대해야 하는 식당의 속사정 때문이었을 것이다. 밥을 푼 다음 포개놓아야 자리를 많이 차지하지 않으니 자연스럽게 뚜껑이 필요하게 된 것일 테고.

전기밥솥이 등장하기 전 여염집에서는 공기보다는 좀 더 큰 스테인리스 사발을 사용했다. 집안 어른인 아버지가 밥때에 늦는 날이면 뚜껑이 있는 스테인리스 밥사발에 고슬고슬한 밥을 따로 담아 이불 속에 파묻어두었다. '뚜껑'이 있다는 것은 곧 권위의 상징이었다.

원래 격식 있게 밥상 하나를 차릴 수 있는 그릇 한 벌을 '반상'이라 부른다. 그중에서도 사기로 만든 그릇을 사발, 놋쇠로 만든 것을 주발이라 한다. 사발이나 주발은 밥공기보다 폭이 넓고 높이가 있는 형태로, 밥이 두 배나 더 담긴다. 사발에는 보통 뚜껑이 있고, 뚜껑에 '기쁠 희喜' 자 두 개가 겹쳐진 '쌍희 희囍' 자나 '복 복福' 자가 새겨져 있다. 지금의 스테인리스 밥공기 역시 이 디자인 형식에서 왔다. 한 가지 더, 이 밥공기는 단순히 스테인리스를 찍어내 만든 형태가 아니라 도자기처럼 굽을 이중으로 만들어 항상 중심을 잡고 서 있을 수 있다. 그냥 쉽게 만든 것 같지만, 알고 보면 옛것의 형식에 가장 합리적인 요소

를 더해가며 만든 '디자인'인
것이다. 이 밥공기의 핵심은
뚜껑에 있다. 아담하고 부드러
운 한옥 지붕이나 초가집 지붕

이 밥공기 위에 살포시 놓여 있는 것처럼 보이지 않는가?

  일본 밥그릇도 뚜껑은 있지만 우리처럼 위에서 흘러내리는 모양이 아니라, 종지 몸통이 뚜껑을 받치고 있는 형태다. 종지가 뚜껑을 담고 있는 형태라고 하면 이해하기 쉬울 것이다. 굽은 작고 종지도 역삼각형의 불안한 형태다. 그래서 손에 들고 먹는 것이 더 편안하다.(우리는 밥그릇을 손에 들고 먹는 것을 거지나 상놈의 문화라 보았다-편집자 주) 문화 차이에 따른 형태겠지만 우리의 밥공기처럼 부드럽게 느껴지지는 않는다.

  얼마 전 프랑스 낭트 대학교 물리학과 교수 제랄과 서울 내 연구실에서 한 달 동안 함께 지내며 연구를 했다. 항상 점심을 같이 먹었는데, 학교 후문 근처의 단골 식당인 보쌈집에 자주 갔다. 보쌈을 처음 먹어보는 제랄은 뜻밖에도 상추에 보쌈, 무김치, 새우젓, 쌈장까지 싸서 잘 먹었다. 보쌈 정식의 생명은 뭐니 뭐니 해도 고슬고슬한 밥이다. 아침에 전기밥솥으로 지은 밥을 스테인리스 밥공기에 퍼서 온장고에 보관해뒀다가 밥을 내준다. 아주머니가 뜨거운 공깃밥을 식탁에 아슬아슬하게 올려놓는다. 밥 먹는 이가 뜨거운 뚜껑을 빠른 속도로 열면

김이 모락모락 나는 흰쌀밥이 그 안에서 숨 쉬고 있다. 아무리 봐도 스테인리스 공깃밥은 신기한 존재다.

국경이 사라지는 시대에는 뭔가 다른 문화, 우리만의 독특한 문화가 더 중요해진다. 남과 다른 것을 지니고 있다는 것 자체가 값진 것인지 모른다. 그 다르다는 것은 하루 이틀에 생겨나지 않는다. 순간순간 단절된 것 같지만 깊숙이 들여다보면 '감각'과 '감성'을 담은 디자인으로 면면히 우리 옆에 존재해왔다.

제랄은 원래 우리의 스테인리스 젓가락이 매우 독특한 물건이라고 생각했는데, 이 뜨거운 공깃밥을 보곤 더 특이한 물건이라며 경탄했다. 전혀 상상조차 하지 못한 형태의 물건이 식당 테이블 위에 놓여 있고, 각자 하나씩 꿰차고 먹는 풍경이 그에게는 상당히 이국적이었던 모양이다. 제랄이 서울 생활을 이야기할 때 우주선 연료 통 같은 금속 밥공기에 대해 진지하게 이야기하는 것만 봐도 안다.

앞으로 이 밥공기가 어떻게 진화할지 모르겠다. 도자기에서 놋쇠로, 플라스틱에서 스테인리스로 진화한 밥공기가 전국 식당의 식탁 위에서 어떤 형태로 살아 움직이며 변화할까?

epilogue

느닷없이 오른 임대료를 감당하지 못해 보쌈집이 문을 닫았다. 10년 동안 이 집에서 점심을 먹고 밤에도 소주 한잔에 보쌈을 먹었다. 내가 섭취해야 할 단백질은 이 집에서 다 보충했다. 문 닫는 날 아쉽게 주인아저씨, 아주머니랑 작별했다. 그다음 날부터 고아가 된 아이처럼 어디서 점심을 먹을까 고민하다 그 근처 추어탕집을 단골로 정했다. 그래서 일주일에 두세 번 추어탕을 먹고 있다. 추어탕을 좋아하지만 언제 질릴지 몰라 걱정도 된다. 하지만 지금까지는 괜찮다.

그보다 더 걱정은 올해 5월 제랄이 서울에 오면 분명 보쌈집에 가자고 할 텐데 어떻게 해야 할지 모르겠다는 거다. 제랄이 추어탕을 좋아할까?

생
맥
주
익
는
밤

이 1000cc 맥주잔은 나의 컬렉션으로 책상 한쪽에 놓여 있다. 마치 출동을 기다리며 몸을 만들고 있는 외인부대의 병사처럼 변함없는 자세로 나와 시선을 맞추고 있다. 요즘은 학기가 시작되어 출동이 뜸하지만, 방학이 되면 이 맥주잔을 들고 자주 학교 앞 생맥줏집으로 달려간다.

어느 순간 생맥주잔이 작아지기 시작했다. 요즘은 500cc보다 소심한 250cc 잔을 앞에 두고 마시는 모습을 흔히 본다. 플라스틱 피처에 맥주를 담아주면 알아서 250cc 잔에 따라 마시는 시스템이다. 몇 모금으로 끝나는 250cc 잔은 좀 나약해 보인다. 하지만 어쩌겠는가! 시대가 원하는 시스템인 것을.

술을 꼭 양으로 마셔야 하는 건 아니라고 생각하지만, 난 아직까지도 1000cc 잔으로 맥주 마시는 것을 선호한다. 양으로 승부하던 시절의 유물인 1000cc 맥주잔은 이젠 거의 사라져 귀한 물건이 되었다. 1.2kg(생맥주와 잔을 합한 무게)의 1000cc 맥주잔으로 맥주를 마시고 있으면 제자들이 한 번씩 들어보면서 한마디씩 한다.

"교수님, 운동 되겠네요."

나는 맥주파다. 겨울엔 쨍한 겨울 날씨 같은 맥주의 흰 거품을 좋아하고, 여름이면 더위와 갈증을 달랠 유일한 음료는 맥주라고 생각한다. 맥주의 나라 체코를 여행할 때 일주일 동안 맥주만 마시다 물 마시는 것을 잊은 적도 있다.

내가 생맥주를 마시는 단골집은 두 곳이다. 집에 들어가기 전 하루에 있었던 모든 일을 잊기 위해 들르는 생맥줏집과 학교 앞에 있는 접대용 생맥줏집. 두 곳의 역할과 멤버는 엄격히 구분된다.

나는 지금 이태원에 살고 있는데, 오래전 집 입구에 동네 사람들이 모이는 사랑방 같은 생맥줏집이 생겼다. 이태원에서 가게 일을 하는 이들이 해가 지면 하루를 정리하는지 이 집에 다 모이곤 했다. 어떤 때는 어두운 생맥줏집에서 고성이 오가기도 하면서 항상 밤늦게까지 시끄러웠다.

이 생맥줏집 분위기로 보면 나는 좀 이른 시간에 들르는 '겉절이 손님'이었다. '맥주 위의 기름' 같은 존재였는지 모른다. 그래도 주인

과 손님들은 나를 친절히 대해주었다. 수업이 없는 날 맥주 한두 잔 조용히 마시고 집으로 간다든지, 원고 마감이 있는 날 맥주 한 잔을 놓고 마지막 원고 네 개를 넘기기 전 교정을 봤다. 이런 모습에 사람들은 내가 사회성이 부족한 시인이나 작가쯤으로 알고 있었다.

방학 때 외국에 나가 있는 동안 이 생맥줏집이 부동산으로 바뀌어버렸다. 장소가 한번 사라지면 그 장소를 기억하는 사람에게는 상실의 장소로 변한다. 집에 가는 길 부동산 앞을 지날 때면 여기서 지냈던 동네 사람들이 이 사랑방에서 쫓겨나 어디서 무엇을 하며 시간을 보내고 있을지 궁금해진다.

학교 앞 생맥줏집은 학교에 자리 잡은 후부터 들르는 곳이다. 벌써 20년이 넘어간다. 그때 맥줏집을 막 시작했던 사장님이 지금도 변함없이 자리를 지키고 있다. 들를 때마다 항상 즐겁게 반겨주는 미소가 좋다. 이는 단골만이 받을 수 있는 미소로, 처음 가는 사람은 그 진의를 의심할 정도로 환하다.

주로 대학원생과 졸업생이 찾아오면 그 생맥줏집에 간다. 가끔 외국에서 온 교수들과도 간다. 항상 1차로 노고산숯불갈비에서 삼겹살을 먹고 길을 건너 이곳으로 2차를 간다. 삼겹살에 소주는 메인이고 생맥주는 디저트다. 이런 완벽한 음주 코스 시스템을 갖춘 곳은 세상 어디에도 없다.

숯불을 앞에 놓고 하는 이야기가 다르듯, 생맥주를 앞에 놓고 하는 이야기가 다르다. 소주를 마신 후 생맥주를 앞에 놓고 하는 이야기 속엔 맥주 거품처럼 떠다니는 정겨움이 있다. 나는 이 생맥줏집 분위기가 맥주 향처럼 달콤하고 훈훈한 서울의 멋진 밤 풍경 중 하나라고 생각한다.

얼마 전 일본에서 이시바시 교수가 왔다. 이시바시 교수는 내가 일본에 있을 때 박사과정 중이던 학생이었는데, 지금은 교수가 되었다. 오랜 시간이 흘렀지만 둘은 변함없는 술친구다. 이시바시 교수와 함께 공부한 장기연 박사가 그날 함께했다.

이시바시 교수는 서울에 오면 항상 서울이 개발한 '삼겹살과 생맥주 코스'를 즐긴다. 이 코스는 어김없이 반복되지만 지루하거나 바꾸고 싶은 생각이 들지 않는다. 일본으로 가기 전날 끝나지 않은 '이바구'와 과음으로 비행기를 놓친 적이 있을 정도로 이 코스는 중독성이 강하다.

학교 앞 생맥줏집 분위기는 20년 전이나 지금이나 변함이 없다. 생맥줏집 밖에서 보면 마치 내일이 없는 사람들처럼 무질서해 보이지만, 그 안에 있으면 지극히 질서 정연한 사랑방 같은 모임 장소다. 헤밍웨이가 서울에서 '날마다 축제'를 열 장소를 찾았다면 학교 앞 이 생맥줏집이 아닐까 생각한다.

epilogue

이태원의 새로운 생맥줏집에 둥지를 틀었다. 동네 입구에 있는 제법 큰 펍이다. 금요일 밤과 주말엔 그야말로 새벽까지 난리가 나는 곳이다. 하지만 평일엔 한산하다.
여의도에 회사가 있어 같이 지하철을 타는 후배 정윤이와 일주일에 한 번 정도 생맥주를 마신다. 시간이 맞지 않으면 퇴근 후 이른 시간에 한산한 바에서 혼자 마시고 집에 들어간다.
요즘 후배가 몸이 좋지 않아 혼자 마시는 날이 많다. 그날도 혼자 마시고 있는데, 바텐더가 아주 조용히 조심스럽게 물어본다.
"혹시 용산 미군 부대 비밀 요원 아니신가요?"
얼떨결에 아니라는 말이 나오기 전 입술에 손을 갖다 대고 "쉬~"라고 해버렸다. 앞으로 이 펍에서 맥주 위의 기름 같은 존재로 조용히 생맥주 한잔 즐길 수 있지 않을까?

고깃집 불판

이 불판은 내 컬렉션 중 하나로 연구실 벽에 걸려 있다. 난 이 불판에서 영감을 받는다. 용접한 수많은 연결 부위엔 강인함과 인내가 묻어 있다. 마치 젖은 진흙을 손으로 판판하게 다진 것 같은 용접 부위에서는 이 재료를 여유롭게 다루는 기교가 엿보인다. 모서리의 곡선에서는 부드러움이 보인다. 만일 용접한 흔적이 없었다면 이 불판은 평범한 철근 덩어리에 불과할 것이다.

숯불의 열기와 고기가 만든 벗겨지지 않은 세월의 흔적 속에는 모노크롬 추상이 보인다. 바라보고 있으면 철근 마디 하나하나가 많은 이야기를 담고 있다. 마치 불판을 가운데 두고 수많은 사람이 나눴을 이야기를 이 불판이 기록하고 있는 듯하다.

이런 물건을 누가 만들었을까? 공사장의 철근으로 불판을 만들 수 있겠다는 생각은 어디에서 나온 것일까?

논문이 써지지 않는 날이면 이 불판을 더 자주 바라본다. 풀리지 않는 물리 문제를 푸는 것은 물리학자인 나의 본업이다. 물리학을 처음 시작했을 때는 비교적 쉽게 해결했던 것 같다. 하지만 세월이 지나 쉬운 문제를 다 풀고 난 지금은 어렵고 풀 수 없는 것들만 남았다. 시간이 만든 매듭일지 모른다. 풀기 어려운 문제는 나를 책상에서 방황하게 만든다.

책상 앞에서 고개를 들면 불판이 보인다. 마음에서 떠난 컴퓨터 모니터와 키보드를 외면하고 불판을 바라본다. 이유는 단 한 가지다.

'잠시 이 책상에서 벗어나면 해결책이 보이겠지' 하는 마음이다. 이런 날은 불판을 가운데 두고 '쏘맥', 고기, '이바구' 그리고 친구를 만나야 하는 날이다.

나는 삼겹살을 좋아한다. 특히 학교 앞 냉동 삼겹살집은 내 오래된 단골집이다. 대학 때부터 드나들었으니 그곳에서 정말 오랫동안 삼겹살을 구워 먹었다. 살짝 나온 배가 그 세월의 열정을 증명한다. 연구실에서 결성한 '노고산학회' 멤버는 토요일 점심 그 집 불판에 둘러앉아 삼겹살을 구워 먹었다. 일주일간 연구한 결과와 잡다한 연구실 생활, 연예인, 정치 등등 두서없이 이야기를 했다.

그 삼겹살집 이름이 '노고산숯불갈비'였다. 기본적으로 생삼겹살만 팔았지만 주인아저씨가 나를 위해 특별히 '냉삼겹'을 만들어주셨다. 우리가 가면 냉동실에서 삼겹살을 꺼내 손수 썰어 내주셨다. 가끔 같이 가는 동기 교수들이 "이 교수! 고기도 킵해놓고 먹냐?"라며 농담 삼아 빈정거리기도 했다.

내 연구실의 아르메니아공화국 학생들도 이 집 고기를 좋아했다. 사실 세상 어디를 가도 이 맛을 지닌 고기는 없다. 처음에는 기름 덩어리를 어떻게 먹냐고 생각하지만, 기름 덩어리 삼겹살이 불판 위에서 쫄깃하게 구워지는 과정을 지켜보면 놀라지 않을 수 없다. 그뿐인가. 상추, 깻잎, 마늘, 생양파, 김치, 청양고추와 쌈장이 어우러지면 삼겹살을 다시 보게 된다.

하지만 어느 해 건강검진을 받았는데 콜레스테롤 수치가 높아 의사에게 엄중한 경고를 받았다. 슬픈 이야기지만, 의사의 권유대로 그날 이후 삼겹살을 끊고 그 단골집이 있는 골목에서 빠져나왔다.

요즘은 모서릿살이라고 부르는 항정살을 먹는다. '빡빡이 건축가' 이민 선배가 소개해준 특별한 고기다. 고기도 소개해줄 수 있는 존재라니⋯. 항정살은 돼지의 머리와 목을 연결하는 목덜미 살을 말한다. 돼지 한 마리를 잡으면 얼마 나오지 않아 비싸지만, 마치 분홍빛 생선회 같은 살코기 사이사이에 마블링이 적당히 박혀 있어 기름기도 알맞고 맛도 담백하다. 특히 소고기 같은 식감과 씹는 맛이 일품이다.

이 불판은 항정살용이다. 우리는 고기 부위에 따라 불판을 따로 쓰는 유일한 민족이다. 야외에서 바비큐를 즐겨 먹는 나라의 관리되지 않고 획일적인 불판과 철사로 만든 브러시를 보면 안다. 삼겹살은 기름이 많아 항정살용 불판에 구우면 숯불에 기름이 튄다. 곱창에는 곱창에 맞는 불판이 있고, 목살·불고기·돼지갈비·차돌박이용 불판이 다 따로 있다. 각 부위에 맞는 불판이 필요한 이유는 그 고기를 이해하지 못하면 불가능한 일이다. 그런 불판 디자인은 서울 사람들이 함께 만든 '밤의 도구'일지 모른다. 하루아침에 이루어질 수 없는 불판 문화의 내공 아닐까?

항정살은 지방이 살코기 사이에 골고루 들어 있어 자주 뒤집지 않고 구워야 한다. 고기를 띄엄띄엄 굽는 게 아니라 육즙이 빠져나가지 않게 서로 겹쳐서 굽는 게 핵심이다. 인내심을 가지고 지켜보다 보면 고기가 노릇노릇하게 구워진다. 숯 향이 기름을 타고 살코기로 배어들어 고기를 깨무는 순간 '톡' 터진다.

근육질의 항정살 사이에서 나오는 기름이 숯불 위로 떨어지지 않게 만들어주는 물리적 구조가 이 철근 불판의 핵심이다. 철근은 둥근 원형 철봉에 돌출된 '리브rib'와 '마디'를 만든 것이다. 콘크리트를 칠 때 시멘트와 접착하는 면적과 방향성을 고려해 리브와 마디가 돌출되도록 만든 것이다.

그 덕분에 고기가 불판에 잘 들러붙지 않는다. 기름이 숯불에 떨어지지 않고 불판 곳곳에 적당히 흐르게 해 고기를 노릇노릇하고 쫀득쫀득하게 만들어주는 역할을 한다. 만약 불판의 철근 두께가 이보다 가늘거나 두꺼우면 이 중요한 역할을 할 수가 없다.

"불판 좀 바꿔주세요~"

이 한마디에 아무런 불평 없이 말끔한 불판을 가져온다. 새 불판에 구워야 고기가 제맛이 난다. 세상 어디를 가도 이런 서비스를 제공하는 곳은 없다. 숯불을 지키고 불판을 바꿔주는 분이 있어 가능하다. 어느 것 하나 빠지면 안 된다. 그래야 고기를 완벽하게 구울 수 있다. 세상에 이런 지혜와 문화를 즐기는 곳이 서울 외에 또 있을까?

숯불 앞에서 마치 종교의식을 치르는 것처럼 정장을 입고 원통형 테이블에 둘러앉아 고기를 굽고 술잔을 기울이는 모습을 보면 마치 영화의 한 장면 속에 함께 놓여 있는 것 같다. 이런 분위기 속에서 함께 밤을 온전히 즐기는 시간은 내가 서울에 살면서 누리는 큰 행복 중 하나다.

어떤 나라에 가면 그 나라 고유의 냄새가 있다. 냄새는 기본적으로 공기 속 화학적 질량을 가진 물질이 만들어낸다. 공기보다 가벼운 질량 속에 담긴 내밀한 화학적 코드가 냄새가 되기도 하고 향기가 되기도 한다.

파리의 새벽 공기는 남다르다. 새벽에 일어나 빵을 사러 가는 길의 공기는 더욱 다르다. 어느 누구도 숨을 내쉰 적 없는 공기의 무게가 있다. 내가 한때 산 일본 이바라키현의 작은 동네 공기 속에도 냄새가 있었다. 마치 정종 도쿠리 속에 담긴 향처럼. 이바라키의 논, 바다, 와사비, 태양, 나무가 만들어낸 습기가 있었다. 말해 무엇하랴. 홍콩 냄새, 싱가포르 냄새, 러시아 냄새, 영국 냄새, 로스앤젤레스 냄새···.

서울 밤의 공기 속에 고기 굽는 냄새가 떠다니고 있다. 나쁘지 않다. 예전 고깃집에 가면 쓰레기봉투 같은 비닐 주머니에 같이 간 사람들 옷을 함께 넣어 냄새가 나지 않는 곳에 보관했다. 한번은 한국에 처음 온 외국인 교수들과 함께 고깃집에 간 적이 있는데, 사람들이 옷을 벗어 비닐봉지에 모두 넣자 주인이 가져가는 모습을 보고 놀란 표

정을 지었던 기억이 새롭다. '이건 또 뭐지?' 하는 얼굴로.
　　지금은 깡통으로 만든 의자에 각자 옷과 가방을 쏙 집어넣으면 된다. 자기 옷은 자기가 지킨다는 생각으로 깡통 의자 위에 앉아 있으면 된다. 고깃집이 만든 진화된 모습이고, 서울이 완성한 멋진 풍경이다.

epilogue

"한 병만 더 하지?"
이 말이 나올 때쯤 된장찌개를 주문해 불판 위에 놓고 밥을 그 속에 넣는다. 이 고깃집의 마지막 의식은 된장찌개다. 숯불 위에서 보글보글 끓는 된장찌개를 함께 숟가락으로 떠먹으면서 오늘 삶의 의식을 마감한다.
깡통 의자에서 주섬주섬 옷을 꺼내 입고 밖으로 나온다. 서울의 쨍한 겨울 공기는 새롭게 밤을 시작하게 만드는 마력이 있다.
그다음 시작은 찬 생맥주 한잔이 아닐까?

도장은 삶의
마지막 보루다!

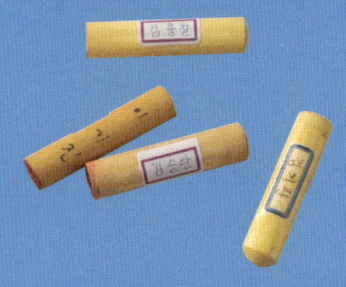

벤처 붐이 일던 때가 있었다. 국가에서 지원했고 벤처 회사에 돈이 몰렸다. 지금부터 15년 전 일이다. 내가 몸담은 대학에도 이 물결은 그냥 지나치지 않았다. 학교에서 산업화 실적이 필요했는지 교수에게도 벤처 창업을 권장했다. 권유 반, 자의 반으로 벤처를 창업하기로 마음먹었다. 당시 중소기업에 다니던 후배 종철이가 토요일이면 시키지도 않았는데 학교에 와 학생들과 함께 연구를 했다.

당시 종철이는 40대에 접어든 나이였다. 그리고 우리 연구실에서 사업화할 수 있는 새로운 기술을 가지고 있었다. 하지만 난 사업은 백지 상태였고, 종철이는 사업이라는 미래에 대해 불안해했다. 어느 날 둘은 벤처 회사를 차리기로 결심했다. '앞으로 뭔가를 바구니에 담아보자', 뭐 이런 취지로 회사를 차렸다. 과정은 의외로 간단했다. 제자 승환이, 회계사인 후배 기환이를 포함해 4명의 발기인이 한 개에 5000원 하는 목도장을 파서 '회사를 차려주는 회사'에 가져가면 다 알아서 해줬다.

회사를 차리고 난 후 세금계산서라는 것이 있다는 사실을 알았을 때는 서로 충격이었다. 그 후 회사를 운영하면서 경험한 일은 설명할 수도 없고, 설명하고 싶지도 않다. 좌우지간 15년이라는 시간이 지난 지금은 공장도 있고 직원 15명의 중소기업이 되었다. 건실한 기업 뭐 이런 건 모르지만 식구들이 먹고사는 시스템은 되었다. 그 출발에 네 개의 막도장이 함께했다.

4년 전 기술보증기금에서 투자를 받았다. 원래는 사장인 종철이가 투자를 받으면 되는데 기술보증기금에서 심사하는 사람이 "교수님도 보증을 해주셔야 되겠는데요" 해서 연대보증을 서게 되었다. 그 후 만기가 되면 마치 죄를 지은 사람처럼 서류 여기저기에 이름을 적고 인감을 찍곤 했다.

인감의 위력으로 부자가 될지 아니면 쪽박을 찰지 모르지만, 인감이 약속과 책임을 대변하는 마지막 보루라는 생각을 하면 나의 분신 같은 대단한 물건이 아닌가 하는 생각이 든다.

대한민국에서 살기 위해서는 인감이 꼭 필요하다. 많은 문서를 서명으로 대체하지만 막다른 골목처럼 빠져나갈 수 없는 책임을 지는 순간에는 감춰놓은 보검처럼 주머니에서 인감을 꺼내야 한다. 자신을 대변하고 책임질 최후의 물건이 인감이다. 특히 금전적인 책임에 대해서는 인감이 필수다. 이 인감을 보장받기 위해서 먼저 생체 도장인 지문 확인을 거쳐야 한다. 지문보다도 앞선 인감도장은 굉장한 존재임이 틀림없다. 일본에도 도장이 있다. 우리같이 법률 행위나 중요한 문서에 공식적으로 사용하는 인감과 막도장인 미토메인이 있다. 박사과정을 마치고 일본 쓰쿠바 대학교에 처음 취업해 갔을 때 대학 본부로부터 도장을 두 개 가져오라는 연락

을 받았다. 그때 하나는 막도장을 새로 팠고, 다른 하나는 인감도장을 가져갔다. 새로 판 막도장을 학교에 맡겼다. 막도장의 위력으로 아무 걱정 없이 월급을 꼬박꼬박 받을 수 있었고, 출장을 가거나 모든 행정 처리를 했다. 나머지 하나는 연구실에 놓아두고 연구 보고서라든지 은행, 관공서에서 나를 지켜줄 서류에 찍었다. 2000년 서울에 와서 어느 순간부터 도장에서 서명으로 바뀌었다. 프랑스 노르망디에 있는 캉 대학교에 박사 후 과정으로 갔을 때 도착하자마자 지도 교수가 '이 사람은 내 학생입니다'라는 내용의 간단한 편지 한 장을 써줬다. 달랑 종이 한 장 주며 정식 카드가 나오기 전까지 그 편지로 식당, 기숙사, 버스표 등등을 해결하라고 했다. 학교에서 발급해주는 카드가 없으면 당장 식당에서도 두 배를 지불해야 했다. 지도 교수 사인이 들어간 두 줄짜리 편지 한 장은 백지수표 같은 위력을 발휘했다. 더디고 더딘 프랑스 행정 시스템에서 땀으로 얼룩져 너덜너덜해진 종이 한 장은 겨울이 시작될 때까지 큰 힘이 되어주었다.

  내가 운영하는 창성동 실험실의 집문서가 있다. 두툼한 집문서에는 이 집 역사가 고스란히 담겨 있다. 붓글씨로 쓴 서류가 펜글씨에서 볼펜을 거쳐 레이저 프린트로, 하늘하늘한 반투명 습자지에서 누런 갱지를 거쳐 하얀 A4 용지로, 푸른 스탬프에서 선명한 보라색 스탬프로, 세로 글에서 가로 글로 바뀌어왔다. 시간이 만들어낸 변화 속에 변하지 않은 것은 붉은 도장이다. 멋지지 않은가!

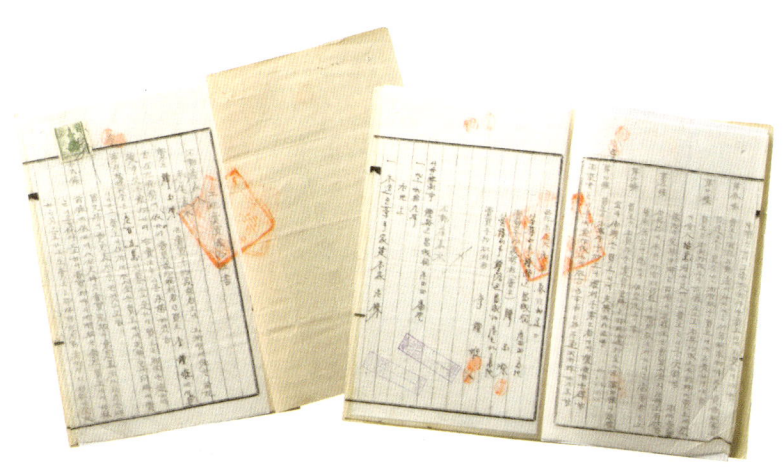

　막 찍은 것처럼 보이지만 정해진 룰에 의해 찍힌 도장이다. 밋밋한 서명보다도 붉은 도장이 뿜어내는 힘에 신뢰가 간다. 각기 다른 디자인의 도장, 보랏빛 스탬프가 한 장의 문서 속에서 변치 않겠다는 약속을 다짐하듯 멋진 풍경을 만들어내고 있다. 마치 모노크롬 추상처럼. 삭막한 문서에 찍힌 도장이 만들어내는 조화가 흉내 낼 수 없는 회화적 풍경이 된다.

　오래전에 골동품점을 운영하는 지인에게 도장 지갑을 선물 받았다. 때로 얼룩진 국방색 군복을 잘라 만든 지갑과 쪽빛 삼베 끈. 그 지갑 안에는 여덟 개의 도장이 들어 있었다. 그 속엔 와가키라는 일본인 이름의 도장도 있었다. 어떤 사연으로 이 막도장이 국방색 지갑에 모인 것일까? 여덟 개의 도장은 크기가 다 다르고 둥근 모양도 있고, 타원형도 있다. 각각의 도장에 새긴 글씨체 역시 다 다르다. 도장을 판

사람이 모두 다르기 때문이다. 마치 개성을 품은 수공예품 같은 이 막도장이 귀한 이유다.

도장이 사라지고 있다. 길을 걷다 보면 곳곳에 숨어 있던 도장집이 서울에서 자취를 감추고 있다. 도장이 사라진 서울은 어떻게 될까? 오래돼서 사라지는 것이 아니라 쓸모없어져 사라지는 세상에서 도장의 운명은 어떻게 될까?

서촌 통인시장 근처에 도장집이 하나 있다. 원래 이 집은 도장을 전문으로 했지만 이제는 복사, 코팅, 판촉물, 열쇠 제작까지 한다. 이름 역시 도장집에 어울리는 홍문각에서 문구점 분위기가 묻어나는 중앙사로 바뀌었다. 가게 안으로 들어가면 도장 파는 기계가 눈에 들어온다. 그리고 이 기계를 작동하는 오래된 컴퓨터가 있고, 이 컴퓨터를 작동하는 할머니가 계신다. 타원형 회양목 막도장은 5000원, 좀 더 큰 원형 도장은 1만 원이다. 이 집 역시 앞으로 도장과 같은 운명이 될까?

epilogue

일러스트 작업을 하면 원화가 생긴다. 이 원화를 증명할 사인이 필요해 서촌 중앙사에서 플라스틱 도장을 하나 팠다. 이 도장이 어떤 역할을 할지 모르겠지만 한번 해본 일이다. 은행이나 직장에서 서류에 결재를 하거나 문서를 수정했을 때 확인용으로 사용하는 결재인이다. 양면이고, 면적이 넓은 쪽과 좁은 쪽이 있어 편하다. 그런데 문제는 나무 도장처럼 깔끔하게 찍히지 않는다. 왜 깔끔하게 안 찍히느냐고 할머니에게 불평을 하니 할머니 왈, "영어라서 그래~".

을지로 3가의 6월은
탱고처럼 흐른다

도시 풍경은 빛에 의해 만들어진다. 어둠은 모든 것을 품고 있지만 표현하지는 못한다. 빛의 양에 따라 봄, 여름, 가을, 겨울의 서울은 쉼 없이 회전하는 목마와 같다. 조금만 느껴보면 하루하루 풍경이 달라진다. 절대 오늘의 공기와 바람은 어제와 똑같지 않다.

6월 중순, 서울의 바람은 꿈이다. 누가 꿈 같다고 하는 순간은 그 사람이 가진 가장 가벼운 영혼의 순간일지 모른다. 6월 중순 해 질 녘의 바람은 바닷물이 썰물처럼 밀려나간 것 같은 느낌이 난다. 이런 날은 어떤 기억도 남지 않는다. 오늘, 지금, 이 순간만 있다. 가벼운 옷차림으로 을지로3가 지하철역 계단을 한 걸음 한 걸음 올라간다. 익숙한 쇠 냄새가 난다. 오래된 서울 동네마다 겨울 외투에서 나는 냄새가 배어 있다. 나는 이 냄새가 좋다.

토요일 오후, 지하철역을 나와 한적한 을지로3가 대로변에서 골목으로 접어들어 아무것도 없을 것 같은 막다른 곳을 지난다. 그 길 끄트머리, 이른 시간이지만 길거리에 앉아 생맥주를 마시는 사람들로 장관이 펼쳐진다. 서울은 이런 곳이다.

그 무리에 끼어 생맥주 한 잔 시켜놓고 거품을 들여다보고 있다. 깃털보다도 가벼운 공기를 품은 맥주 거품. 머리를 비우려 노력하지 않아도 몸과 마음이 비워진다. 규칙적으로 뛰는 심장, 500cc 맥주잔을 들 때 손의 떨림. '내가 지금 어디에 있지?'라는 생각이 드는 순간 호박빛 맥주 향이 밀려온다. 나는 을지로3가에 있다.

"축축하게 구워드릴까요? 빠삭 구워드릴까요?"

1000원짜리 노가리 하나 구워주면서 이렇게 배려한다. 이 집에서는 노가리를 주인아저씨가 직접 연탄불에 굽는다. 아저씨의 정성이 느껴진다. 노가리 껍질은 기본이고 머리도 먹는다. 먹다 보면 지느러미까지 먹게 된다. 비릿한 지느러미 맛이 맥주와 잘 어울린다.

서울에서 대전으로 낙향한 빡빡이 건축가 이민 선배, 유정미 교수와 을지로 OB베어 건물 안쪽에 자리를 잡았다. "이곳이 을지로3가의 혈이야. 길거리에서 술을 마실 순 없지. 1980년대 우리나라에 지금의 생맥주 기계 개념이 없을 때 미군 부대에서 망가진 냉장고를 가져와서 생맥주통을 냉장고에 통째로 넣어뒀대. 생맥주통을 열기 직전 온도로 보관했다가 그 자리에서 따라 마시던 집이야. 그래서 온도가 일반 생맥주보다 차갑지는 않지만, 이상하게 아주 적당해. 서울에서 이 집 생맥주가 창성동 실험실 생맥주 빼고 최고야."

"ㅋㅋ."

노가리 안주에 생맥주 한 잔 마시고 하늘 바라보고, '이바구를 까다가' 또 노가리 안주에 생맥주 한 잔 마시고 하늘 바라보고. 세상에 이런 곳은 없다. 건물 사이로 뚫린 천장에 하늘이 고스란히 놓여 있다. 하늘 색이 서서히 변한다. 그 사이로 바람이 지나간다. 생맥주 한 잔 마시고 하늘 바라보고….

"여긴 로마에서 유학할 때 가본 바르베리니 광장에 있는 극장

같아. 테르미니역에서 택시로 10여 분 거리에 있는데, 극장의 천장 돔이 열리는 순간 담배 연기가 하늘로 올라가지. 정말 장관이야. 파란 로마의 하늘이 꼭 성당의 천장화 같았거든. 여기가 딱 거기네."

을지로3가의 천장화가 서서히 변하고 있다. 누가 이런 그림을 그리고 있을까? 완성을 위해 가는 것일까? 아닐 것이다. 우리 삶에 완성은 없다. 이렇게 6월의 밤하늘처럼, 바람처럼 빛이 지나갈 뿐.

갑자기 옆 테이블에서 음악이 흘러나오더니 춤을 춘다. 아주머니가 열정적으로 춤을 춘다. 신발을 벗고 양말까지 벗고 다시 춤을 춘다. 앉아 있던 꽁지머리 아저씨가 일어나 아주머니와 탱고를 춘다. 맨발 아주머니의 나풀거리는 치마, 아저씨의 하늘색 셔츠와 까만 선글라스가 잘 어울린다. 어색함이란 없다. 양말을 벗은 아주머니가 신발을 신는 사이 파트너가 바뀐다. 이번엔 잠자리 같은 선글라스를 쓰고 청바지에 가벼운 샌들을 신은 살짝 나이 든 아가씨(?)와 춤을 춘다. 갑자기 일어난 일이지만 자연스럽다. 마치 천장의 하늘이 변하는 것처럼.

"여긴 나폴리야!"

로마에서 나폴리로 바뀐다. 순식간에 '댄스 타임 무대'가 만들어질 수 있는 건 2500원짜리 플라스틱 의자와 간이 테이블 덕분이다. 누가 디자인한 것일까? 이 물건을 디자인한 사람은 이런 멋진 공간을 예측이나 했을까? 플라스틱 의자와 간이 테이블은 앞으로 이 공간에서 사라지지 않을 것이다. 필요에 의해 구성된, 가볍고 금방 버려질 것

    같은 물건이 존재함으로써 서울의 핵심, 을지로의 풍경이 만들어진다. 새벽이 되면 무대가 되던 플라스틱 의자와 간이 테이블은 한쪽으로 치워져 소품으로 변한다. 나폴리는 다시 서울 을지로로 돌아온다.

    여름 하늘이 어둠으로 무거워질 즈음 '아이스께끼' 아저씨가 지나간다. 적당한 순간에 부는 바람처럼. 이 타임에는 아이스께끼를 먹어야 한다. 달콤하고 시원한 얼음이 들어가면 머리가 맑아지고 입안이 개운해진다. 노가리의 텁텁하고 거친 맛, 고추장과 마요네즈의 조화가 지친 몸과 마음에 새로운 기운을 불어넣는다.

    누가 이런 조합을 만든 것일까? 아이스께끼 아저씨는 을지로3가에 몰려 있는 맥줏집들을 회전목마처럼 도는 것뿐이다. 마치 태양이 봄, 여름, 가을, 겨울을 만드는 것처럼. 6월 중순, 나는 이 순간에 여기 있을 뿐이다.

    서울 을지로3가의 6월은 탱고처럼 흐른다.

epilogue 1

군대를 제대한 후 학교 앞에 생맥줏집이 생겼다. 지금 생각해보면 을지로 OB베어에서 퍼져나간 생맥주 문화일 수 있다. 이 생맥줏집 이름은 러브비어로, 한쪽 벽이 바위여서 마치 동굴 같았다. 이 집 주인아저씨와 친해져 벽화를 그려달라고 부탁받았다. 술김에 멋지게 그려주었다. 그런 시절이었다.

이곳에서 외상으로 생맥주를 마셨다. 시간이 지날수록 외상이 늘어났고, 외상값을 갚지 못해 피해 다녀야 했다. 유흥의 끝은 이렇게 흔적을 남긴다.

핑계를 댄다면 뒤늦게 대학원에서 공부에 빠져 지낸 시기였다. 돈이 궁했다. 시간이 흐른 어느 날, 러브비어 아저씨를 신촌로터리에서 만났다. 반갑기도 하고 죄책감도 들고, 어정쩡하게 서 있는 나를 아저씨가 반갑게 맞아주었다.

"이 근처에 화장품 가게를 차렸어. 맥줏집 장사도 잘 안 되고 외상이 너무 많이 깔려서…."

그 후 술 한 방울 마시지 못하는 여자 친구에게 이실직고하고 돈을 빌려 거금의 외상값을 갚았다. 착한 여자 친구는 나무라지도 않고 돈을 대신 갚아줬다. 그때는 그런 시절이었다.

가끔 신촌로터리를 지나면 아저씨의 화장품 가게에 들러 인사한다. 깍두기 머리가 이제는 허옇게 배추김치처럼 변했지만, 고마운 사람이다. 20대를 함께 보낸 사람이 같은 동네에 있어 좋다. 그 당시 러브비어 벽에 그린 벽화 생각이 난다. 어두운 한쪽 바위에 하얀 배경으로 오리를 든 한 남자를 그렸다. 지금 그대로 있다면 멋진 벽화로 남아 있을 텐데…. 뭐 사라져도 괜찮다. 내 기억 속에 아직 남아 있으니.

epilogue 2

박원순 서울시장이 취임하던 날을 기억한다. 그는 취임 일주일째 되던 날 환경미화원과 함께 청소복을 입고 청소차를 타고 쓰레기를 치우며 서울의 쓰레기 문제에 관심을 보였다. '음… 앞으로 좀 달라지겠군!' 그날 신뢰감이 생겼다.
개뿔!
그 이후로 달라진 게 없다. 변화가 없다는 것은 물리적 시간 축으로 볼 때 분명한 후퇴다. 왜 그런 이벤트를 기획했을까? 그것도 취임 첫날…. 시장의 아이디어나 의지는 아닐 테고, "시장님, 쓰레기 문제를 해결해야 서울이 달라집니다!"라며 쓰레기 이벤트를 기획한 멋진(?) 실무진이 누구인지 궁금하다. 달라질 수 있었는데.
쓰레기는 시민 의식이 기본이지만, 시스템도 뒷받침되어야 한다. 여름날 이태원이나 전통시장을 걸어보면 쓰레기로 인한 악취와 위생 상태가 최악임을 알 수 있다. 서울시 시정을 담당하는 무수한 실무자가 해외로 출장을 가고 연수를 가서 그곳 시스템을 확인하고 보고 왔을 텐데, 달라지지 않는 것이 신기할 따름이다. 서울시장이 다시 한번 청소차를 타고 환경미화원과 하루를 보내봤으면 좋겠다. 그래야 서울이 변하지 않을까?
을지로3가 맥줏집, 종로3가 포장마차…. 이 멋진 곳 뒤에 감춰진 화장실은 최악이다. 이 역시 달라지지 않고 있다. 이것은 분명한 후퇴다! 화장실 문화 시스템이 달라져야 한다.
일본 도쿄 공업대학에서 일할 때다. 100년이 넘는 전통을 자랑하는 이 학교의 건물은 매우 낡았고, 화장실 역시 오래되었다. 이 낡은 건물에 어느 날부터 화장실 공사가 시작되었다. 기존 화장실 한 곳만 놔두고 나머지는 비데를 설치하고 페인트칠을 하고 조명을 바꿨다. 그때가 1996년이다. 공사 후 낡은 건물이 다시 살아나는 듯한 느낌이 들었다. 사실 살아났다. '이것이 혁신이구나' 하는 생각이

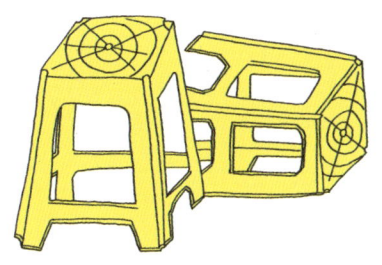

들었다. 오래된 건물을 새롭게 디자인한 느낌. 건물을 다시 칠하는 것도 새롭게 보일지 모르지만 화장실 조명과 시스템을 바꾼 것만으로도 새 건물이 되었다. 요즘 도시 재생을 이야기하지만, 화장실을 바꿈으로써 건물이 재생될 수 있다는 것을 실감했다. 그로부터 30년이 흐른 후 일본의 화장실 시스템은 완벽하게 바뀌었다. 이건 위생 차원을 넘어 삶의 질을 바꾸는 문제가 아닐까.

가끔 TV에 정치인들이 생맥줏집에서 번개로 시민과 미팅하는 장면이 나오곤 한다. 그 장면을 보면 '저 사람들은 화장실도 안 가나?' 이런 생각이 든다. 맥주는 신진대사를 활발하게 하고 화장실을 자주 가게 만드는 음료다. 을지로3가나 종로3가 맥줏집의 화장실에 가보면 뭔가 느낄 텐데…. 맥주를 마실 때는 깔끔한 화장실이 필요하다. 특히 여성에겐 더욱 부족한 화장실. 을지로3가와 종로3가의 화장실 시스템은 그야말로 최악이다. 달라지지 않는 이유가 뭘까? 번개 이벤트를 하고, 맥줏집 화장실에서 시민과 함께 오줌 누는 모습을 보여주는 것을 창피하게 생각해 참고 있다가 집무실에서 해결하는 것일까?

서울의 환경은 시정을 책임지는 시장의 의지에 따라 달라지지 않을까? 쓰레기쯤이야, 화장실쯤이야, 이렇게 하찮게 생각하고 있지 않을까? 서울시장이 이 글을 본다면 생각이 좀 달라졌으면 좋겠다. 세계 속 멋진 서울을 위해.

세탁소 다리미의
멋진 마블링

내 컬렉션 중에는 세탁소에서 쓰는 무쇠 다리미 세트가 있다. 나는 이 물건을 좋아한다. 강인함부터 애틋함까지, 이 물건이 거쳐온 시공간이 보인다. 그리고 이 물건에 쓰인 한 편의 소설 같은 이야기를 상상해보는 것이 좋다.

이 다리미 하나로 한 식구의 따듯한 삶이 시작되었을 것이고, 주름잡던 젊은 시절도 있었을 것이다. 새로운 물건에 밀려나 지금 내 연구실에 이르기까지 기나긴 여정도 있었을 것이다. 이런 드라마틱한 전기傳記는 아마도 이 물건 스스로도 예측하지 못한 '우연'에 의해서 결정 나지 않았을까?

처음부터 험하게 녹슬진 않았겠지만, 열에 달궈지고 식기를 반복하는 세월 속에서 지금은 열기가 사라진 녹으로 자신을 보호하고 있다. 튼튼한 일체형 주물 다리미의 녹과 마블링 문양의 손잡이에서는 과거의 멋스러웠던 젊음이 보인다. 마치 1960년대 흑백사진 속의 건강함처럼.

지금 봐도 촌스럽지 않은 손잡이 디자인에서는 한발 앞선 멋진 사람의 뛰어난 감각을 엿볼 수 있다. 물과 기름 성분이 섞이지 않았을 때 나타나는 마블링을 이용한 아랍의 디자인 기법이 어떻게 서울 세탁소의 다리미 손잡이를 장식하게 되었을까? 분명 이런 손잡이를 만들려고 생각한 이는 시대와 섞이지 않고 자신의 색채를 간직한 멋진 사람이었으리라.

이 다리미는 국내에서 만든 전문가용으로, 당당하게 상표가 붙어 있다. 뜨겁게 달군 쇠를 뒤쪽에 넣어 사용하는 방식이다. 요즘 물건처럼 온도계가 달린 것도 아닌데 주름을 펴고 다림질할 정확한 온도를 어떻게 알았을까? 옷의 재질이 모두 똑같은 것도 아니고, 원단 두께에 따라 다리미 온도를 달리해야 하는데 그 온도를 어떻게 맞췄을까? 이 다리미에 익숙해지기까지 얼마나 많은 시간이 필요했을까? 온도를 올리기 위해 기다리고, 온도를 내리기 위해 또 기다리고. 다리미에서 애잔함이 엿보이는 이유는 기다림의 시간 때문일 것이다.

학교 후문을 지나다 세탁소 입구에 "8월 10일 본 업소는 폐업합니다"라고 쓴 안내문을 봤다. 찾아가지 않은 세탁물도 잔뜩 보인다. 정해진 날을 기다렸다가 하루아침에 사라지는 것은 슬픈 일이다. 어제와 오늘이 밤으로 자연스럽게 이어지는 삶을 살아가는 지구인들은 이런 '관성의 물리 법칙'에 어긋나는 일엔 왠지 익숙하지 않다.

8월 10일이 다가온다. 이날은 특별한 날도 아니다. 다만 세탁소가 문을 닫는다고 한 날이다. 왠지 가슴이 아프다. 나는 세탁소를 자주 이용하지 않는 편이다. 양복과 와이셔츠를 입지 않는 내가 세탁소에 가는 건 봄과 겨울뿐이다. 겨우내 입은 두꺼운 코트를 봄이 시작되는 3월에 맡겼다가 은행잎이 떨어진 12월 초쯤 찾는다. 그래도 세탁소 주인은

전화로 독촉하지 않는다. 미안한 마음으로 찾으러 가면 천장에 가득 걸린 세탁물 속에서 내 옷을 귀신같이 찾아준다.

물빨래를 할 수 없는 검은색 울 코트는 파리에서 공부할 때 산 옷이다. 비 오고 추운 파리에서 겨울을 나기 위해 집사람이 프랭탕 백화점에서 큰마음 먹고 사주었다. 당시로서는 거금을 주고 샀는데, 그때 왜 한 치수 큰 것을 샀는지는 모르겠다. 내가 더 클 거라고 생각한 걸까? 난 이 옷이 이불처럼 헐렁해서 좋다. 또 30대 초반의 불안, 삶의 무게, 자신감, 낭만이 묻어 있어서 좋다.

세탁소에서 긴 코트를 찾아 어깨에 짊어지듯 들고 걸으면, 투명한 비닐이 걸음을 옮길 때마다 사락사락 소리를 낸다. 난 이 소리가 그렇게 좋을 수 없다. 가을과 겨울의 경계에서 나는 소리처럼.

얼마 전 서울에서 가장 오래된 세탁소가 문을 닫았다는 기사를 봤다. 1914년 조선호텔이 문을 열었을 때 생긴 세탁소가 104년 만에 문을 닫는 것이다. 그 세탁소 자리에는 수유실이 들어선다고 한다. 대학 시절 망원동 시장 근처에 살 때 "세탁~" 하고 외치고 다니는 사람이 있었다. 그때 세탁소에 접근할 수 있는 옷은 집안을 책임지는 아버지의 양복과 넥타이 정도였다. 당시 부모님 세대가 가진 최고의 범접할 수 없는 권위 아니었을까?

이 더운 여름 세탁소가 문을 닫는다는 안내문을 보니 여러 가지 생각이 든다.

epilogue

내 둘째 형님 이야기다. 둘째 형은 대학에서 철학을 공부했다. 졸업 후 취직을 거부하고 놀다가 먹고살기 위해 볼링장을 운영했다. 물론 돈을 빌려서 했다. 한동안 볼링장을 잘 꾸리는가 싶더니 말아먹고 실업자가 되었다.

자의 반, 타의 반 겊도는 시간이 되면 형은 연락을 하고 자주 나를 찾아왔다. 한 잔하면서 이야기를 하다 보면 형은 내가 보기에 뜬구름을 떠먹는 형이상학적인 철학 이야기를 했다. 나는 그런 이야기가 좋았다. 볼링장을 닫고 난 후 술을 마시다가 형에게 말했다.

"형, 이제는 예술 한번 해보자! 도자기 구워볼래?"

내 말에 심기일전해 형은 도자기 공장의 도공으로 멋진 삶을 시작했다. 경기도 이천 도자기 공장에서 예술가의 꿈을 키웠다.

현실의 무게가 도공의 꿈을 뒷받침해주지 못하자 형은 이천 땅에서 나왔다. 무슨 계기인지 모르지만 현실적인 대안으로 떡 만드는 기술을 배워 분당 근처에 떡집을 차렸다. 떡집은 부지런하면 먹고사는 데 지장이 없는 직업 중 하나다. 명절에 도와달라고 연락이 오면 퇴근 후 밤새워 떡 만드는 일을 도와주곤 했던 기억이 새롭다.

떡집이 잘되는가 싶던 어느 날, 둘째 형은 "나, 미국 가기로 했다!"면서 떠났다. 물론 거창한 환송회를 몇 번씩이나 하고.

그리고 미국에서 시작한 일이 세탁소다. 잘 모르지만 세탁소 역시 부지런하면 먹고사는 데 지장이 없는 직업 중 하나가 아닐까 생각된다. 조카 둘을 멀쩡한 대학에서 교육시켰으니.

마블링 문양의 멋진 다리미 손잡이를 보니 갑자기 둘째 형님이 생각난다.

"형, 잘 지내고 있지?"

오후의 떡집

오후 3시가 넘어가면 서서히 허기가 밀려온다. 예전 단골집에서 보쌈 먹을 때는 이런 현상이 없었는데, 보쌈집이 문을 닫은 후 학교 식당에서 밥을 먹는 날은 이상하게 빨리 출출해진다. 추어탕을 먹은 날은 이렇지 않다. 학교급식이 부실해서라고 하기엔 무리가 있지만 뭔가 부족한 것은 사실이다. 이럴 때는 부족한 에너지를 보충해야 한다. 오후 간식이 필요하다.

요즘엔 간식으로 떡을 먹고 있다. 계속 떡만 먹지는 않고 떡이 살짝 지루해지면 마카롱으로 갔다가, 다시 지루해지면 초콜릿으로 가기도 한다. 정해진 규칙은 없다. 그래도 떡이 제일 무난한 간식이다. 학교 후문 쪽에 오래된 떡집이 있다. 을밀대 냉면을 먹기 위해 지나가는 골목에 있는 떡집이다. 그 골목을 지나면서 할머니와 그 아들이 매일 떡 만드는 모습을 오랫동안 보아왔다. 학교 후문 쪽의 다세대주택을 쫓아내고 재개발이 시작되면서 아파트가 무서운 속도로 들어서고 있다. 아파트 단지가 언제 이 떡집을 집어삼킬지 모르겠지만 아직까지 할머니와 아들은 열심히 떡을 만들고 있다. 그 모습이 보기 좋다.

한 팩에 2000원 하는 떡 세 팩을 사다가 연구실에서 대학원생들과 함께 먹는다. 갈 때마다 고르는 떡이 다르긴 하지만 보통 절편, 인절미, 경단을 집어 든다. 나는 달콤한 떡보다는 절편을 좋아한다. 끈기가 있는 절편은 다른 떡과 달리 쫀득쫀득한 맛으로 먹는다. 한마디로 아무런 맛이 없는 '무맛'이다. 이 무맛이 각별한 맛이 된다. 이런 각

별한 '없는 맛'을 내기 위해서도 기술이 필요하다. 재료도 딱 세 가지다. 좋은 멥쌀, 좋은 물, 좋은 소금을 써야 한다. 멥쌀가루와 물을 버무리고 찔 때도 배합 기술이 필요하고, 적당히 치대야 쫀득한 맛이 살아난다.

    떡은 찌는 떡, 빚는 떡, 지지는 떡, 치는 떡이 있다. 찌는 떡은 시루에 넣고 증기로 찐다. 그래서 시루떡이라고도 부른다. 빚는 떡으로는 송편, 단자, 경단이 있다. 색이 화려한 경단은 찹쌀가루를 동그랗게 빚어서 물에 삶아내 소를 넣고 고물을 묻힌다. 콩가루, 계핏가루, 깨, 잣, 팥, 대추, 밤 가루에 따라 멋진 색이 만들어진다. 자연의 재료로 색을 입힌 경단은 색동 이불처럼 아름답다. 그 색의 배합이 진정 우리의 색인지도 모른다.

    지지는 떡은 찹쌀가루를 반죽해 기름에 지지는 것으로, 진달래나 노란 국화 꽃잎을 얹어 지져서 먹는다. 이처럼 계절의 정취를 떡 위에 그릴 수 있는 여유와 정신세계는 어디서 온 것일까? 떡은 일상의 삶에서 빚어진 단순한 음식이 아니라 우리를 더 멋진 곳으로 인도하는 마음의 절편이 아닐까?

    치는 떡은 시루에 찐 떡을 뜨거울 때 절구에 넣고 쳐서 끈기 있게 만든 떡이다. 인절미, 가래떡, 절편이 치는 떡 종류다. 그중 둥글고 길게 늘여 뽑은 것이 가래떡이다. 길게 빚어 만든 떡에 떡살로 도장을 찍듯이 문양을 만들어 썰면 절편이 된다. 그리고 찹쌀가루로 만들어

콩고물을 묻히면 인절미가 된다.

"제로, 이 절편 맛 어때?"

"딱딱한 밥맛!"

"레봉, 이 절편 맛 어때?"

"쌀로 만든 고무 맛!"

"또 먹고 싶어?"

"No!"

경단까지는 먹을 수 있지만 인절미도 그들 취향이 아니다.

"No thank you~"

서양 사람에게 절편은 너무 질겨서 고무를 씹는 것 같은 느낌을 준다. 씹어도 잘 넘어가지 않는다. 먹으면서 '왜 이걸 먹어야 하지?' 하는 생각이 들게 만든다. 쫄깃한 식감과 무맛을 이해하지 못한다. 탄수화물을 씹으면 씹을수록 나는 깊은 맛을 이해하지 못한다. 어떤 사람은 서양 사람의 치아가 떡을 씹기 쉬운 맷돌 구조가 아니라, 고기를 씹기 쉬운 구조여서 떡을 먹기 힘들어한다고 한다. 이해가 되는 이야기라고 생각한다. 일단 서양 사람에겐 '아무 맛이 없는' 절편의 존재 자체가 이해할 수 없는 것이다. 그다음은 식감이다. 우리는 식빵도 쫄깃한 것을 좋아하지만, 서양 사람은 바삭한 토스트나 수분이 날아간 바게트의 바삭한 무맛을 선호한다.

절편의 핵심은 참기름 맛이다. 서로 붙지 않게 하고 윤기 나게 해 더 먹음직스러워 보이게 만드는 참기름은 절편이 숨겨놓은 무기

다. 참기름 향 역시 서양 사람에겐 생소해서 그다지 선호하지 않는다.

절편에 수리취나 쑥을 섞어 만든 절편을 수리취떡이라고 한다. 떡은 대부분 전분질의 산성식품이라 많이 먹으면 속이 불편할 수 있다. 하지만 쑥을 섞으면 소화도 돕고 색과 향을 동시에 즐길 수 있다. 맛도 맛이지만 신선한 봄 쑥이 만든 색감 역시 깊이를 더해준다.

일본에도 다양한 떡이 있다. 슈퍼마켓에 가면 한 코너를 가득 채운다. 중국의 영향을 받은 일본의 떡과 과자를 화과자라고 한다. 떡에 들어간 수분 함량에 따라 건과자, 반생과자, 생과자로 분류한다. 수분이 많은 생과자에는 모찌와 단고가 있다. 일본에서는 설날에 맑은국이나 된장국에 부드러운 찹쌀떡을 넣어 만든 오조니라는 떡국을 먹는다. 이 찹쌀떡이 너무 말랑하고 부드러워 먹을 때 목에 걸려 질식하는 사고가 나기도 한다.

이소베모찌는 직사각이나 둥근 형태의 딱딱한 떡으로 프라이팬에 구우면 속이 말랑말랑해진다. 이 떡을 김으로 싸 간장에 찍어 먹는다. 맛은 우리의 절편과 비슷하다고 할 수 있지만 쫄깃한 맛은 없다. 직사각형 떡 모양에서 부드러운 절편의 자유스러운 정취를 찾을 수 없다. 일본에 살 때 이 떡을 사서 프라이팬에 구워 먹은 기억이 새롭다.

절편의 매력은 떡 문양에 있다. 문양은 절편 표면을 떡살로 눌러 만든다. 문양을 넣음으로써 단순히 먹는 떡이 아닌 상징으로서 의미를 부여했다. 우리 음식 문화의 격조는 이런 사소한 점이 큰 차이를 만들어낸 데 있다.

떡살엔 부귀, 장수, 복을 기원하는 뜻을 담은 길상문과 다양한 형태의 문양이 새겨져 있다. 보통 떡살은 나무, 옹기, 백자로 만드는데 간혹 보이는 백자 떡살은 귀한 물건이었다. 서민은 나무로 떡살을 만들어 사용했지만, 양반가나 돈 있는 집안에서는 백자로 만든 것을 사용했다. 여인이 혼숫감으로 떡살을 챙길 정도로 살림에서 커다란 비중을 차지했다. 내가 가지고 있는 백자 떡살은 모서리가 깨졌지만 예전에는 귀하디귀한 물건이었다. 지금 봐도 백자 떡살의 모양과 형태에서 기품이 묻어나고 많은 이야기가 들리는 듯하다. 내 어지러운 책

상 위에서 다섯 개의 백자 떡살이 살아 움직이는 풍경이 좋다.

떡살의 문양은 떡을 장식하는 의미도 있지만 물리적 기능도 한다. 떡살의 울퉁불퉁한 요철이 접촉 면적을 최소화해 서로 붙지 않게 만들어준다. 또 떡을 접시에 쌓을 때 요철의 성형으로 미끄러지지 않게 하는 기능과 문양의 선에 따라 먹기 좋은 크기로 자를 수 있는 지혜로운 기능도 있다.

절편과 어울리는 음료는 커피다. 절편에는 '달다구리'가 어울릴

것 같지만 의외로 커피와 무맛의 절편이 잘 어울린다. 커피 향과 밋밋한 무맛이 만나 새로운 맛을 만들어낸다. 나른한 오후에 레봉의 표현대로 "쌀로 만든 고무"를 오물오물 씹으면서 커피 한잔 마시면 입안에 커피 향이 오랫동안 남는다. 그리고 포만감도 안겨준다. 카페에서 '달다구리'만 팔지 말고 절편을 판다면 정말 좋을 것 같다는 생각을 해본다. 한층 '서울스러운' 카페가 될 텐데….

    골목 어귀를 막고 있는 획일적인 빵집을 피해 골목을 지키고 있는 떡집. 떡집이 버티고 있어 서울이 서울답게 지켜지고 있다.

epilogue

얼마 전 '수제 찹쌀모찌'라고 쓰인 박스를 선물 받았다. 정성스럽게 만든 종이 박스 안에 가지런히 놓여 있는 모찌가 다시 랩에 싸여 있었다. 모찌 속에 달콤한 팥소가 들어 있을 것으로 예상하고 깨물었으나 딸기가 있었다. '이건 뭐지?' 하는 생각이 씹는 동안 밀려왔다. 말랑한 모찌와 딸기의 수분이 입안에 가득 찼다. 서로 혼합될 수 없는 재료들이 입안에 오래 머물러 있었다. 이건 아니라는 생각이 들었다.

떡은 한반도에 삼국이 성립되기 이전인 부족국가 시대부터 만들어 먹은 음식이다. 그때부터 떡을 찔 수 있는 시루가 있었다. 시루에 찐 시루떡과, 찐 떡을 다시 쳐서 만드는 인절미·절편이 가장 오래된 떡의 형태일 것이다. 그 당시 설탕이 있을 리 없고 멥쌀가루, 소금, 물로 빚은 무맛의 떡은 지금까지 우리 DNA에 각인된 맛의 정형이 아닐까? 내가 선택한 맛이 아니라 몸이 기억하는 맛이 아닐까 생각한다.

중국집

서촌에 자리 잡은 지 10년이 넘어간다. 10년 전 서촌은 개발이 제한되어 서울 중심에 있는 동네지만 시골 읍내 분위기가 났다. 큰 도로를 벗어나면 한 나라의 대통령이 살고 있는 동네라고 하기엔 초라할 정도였다. 지금은 미술관이 생기고 카페가 들어서고 골목이 많이 정리되었지만, 당시는 서울 중심에 있는 '변방'이었다.

서촌 창성동 골목길 모퉁이에 즐겨 가던 중국집이 있었다. 화교가 운영하는 곳으로 오향장육이 정말 맛있었다. 잘게 썬 오이, 파와 함께 초콜릿빛 오향장육 한 점을 젓가락으로 집으면 저절로 침이 고였다. 입에 넣으면 순간적으로 사르르 녹았다. 짬뽕, 짜장면은 말할 것도 없었다.

놀러 온 친구들에게 허름한 그 중국집에서 오향장육과 이과두주를 사주면 마치 밀린 돈 받은 사람들처럼 만족해했다. 그런데 이 집의 가장 큰 문제점은 이과두주에 오향장육을 먹고, 짜장면과 짬뽕을 먹은 다음 기분이 좋아져 2차를 가는 것이었다.

한적한 휴일이면 가끔 이 집에서 혼자 오향장육을 즐겼다. 오향장육은 혼자 먹어도 외롭지 않은 음식이다. 경복궁 돌담처럼 마음을 차분하게 만드는 매력이 있다. 책 한 권과 함께 오향장육에 이과두주 한 병을 시켜 두 잔 정도 마시면 행복한 휴일 오후가 보장됐다.

이과두주로 알딸딸한 마음이 되면 조금 걸어 경복궁 옆 국립고궁박물관 뜰의 은행나무 밑 벤치에 앉아 있곤 했다. 바람과 시간이 정

지한 것 같은 행복감이 밀려왔다. 하지만 그 중국집이 사라진 후 지금은 오향장육을 먹지 않는다. 다른 중국집에서 몇 번 먹어봤지만 그 맛을 느낄 수 없었다. 몇 번 실망한 후 이제는 그 집 오향장육을 마음속에 묻어두기로 하고 다시는 찾지 않기로 했다.

오향장육도 훌륭하지만, 이 집을 좋아한 이유는 도자기 주전자에 내주는 재스민 티 때문이었다.

서울의 일반 음식점에서 따듯한 차를 마실 수 있는 곳은 흔치 않다. '스뎅' 컵과 정수기 물을 담은 투명 플라스틱 포트를 주인이 내오면 각자 알아서 물을 따라 먹는 곳이 많다. 장소가 좁은 음식점에서는 '물은 셀프'다. 각자 알아서 '스뎅' 컵에 물을 따라 마신다. 정수기에서 따듯한 물이 나오기는 하나 '스뎅' 컵에 담긴 따듯한 물은 썩 좋은 느낌을 주지는 않는다. 그나마 냉면집에 가면 따듯한 육수를 마실 수 있다. 언제부터 따듯한 보리차가 사라진 것일까? 정수기가 보급된 후로 식당에서 사라진 것 아닐까?

아직까지 음식을 먹기 전에 따듯한 재스민 티를 도자기 잔에 마실 수 있는 곳은 중국집이 유일하지 않을까?

이 도자기 티포트 컬렉션은 말 그대로 'Made in China'다. 중국 징더전에서 만든 오리지널 중국제 도자기다. 18세기 말 유럽에서 리모주 자기가 나오기 전까지 중국은 세상에서 최고 품질의 도자기를 만드는 나라였다. 장더전은 1000년 전에 조성된 도예지로, 도자기 하

나로 세계를 지배한 곳이기도 하다. 그러한 곳에서 만든 도자기 포트치고 좀 허접해 보이지만 이국적인 느낌이 들어 나쁘지 않다. 중국집에 어울리는 포트의 존재감이 있다.

이 포트에 뜨거운 재스민 티가 담겨 나온다. 향이 강한 재스민 티를 마시면 순간 기분이 좋아진다. 음식을 기다리면서 마시면 마치 준비운동을 마친 운동선수처럼 입안이 개운해진다. 음식을 먹을 때 마시면 중국 음식 맛을 방해하지 않고 다음 음식이 들어오게끔 입안을 깔끔하게 정리해준다. 평소에 그냥 마시기에는 향이 강하다. 재스민 티의 존재감은 중국 음식과 어우러질 때 빛을 발한다.

요즘 자주 가는 단골 중국집은 두 곳이다. 학교 앞과 서촌에서 발견한 중국집이다. 둘 다 화교가 운영한다. 그리고 둘 다 쓰촨 출신 주방장이 요리를 한다. 음식을 기다리는 동안 들리는 중국 말이 마치 배경음악처럼 기분을 좋게 만든다. 쓰촨 출신 주방장의 요리답게 기름지지 않고 맵다. 그 매운맛은 쏘는 청양고추 맛 같지 않고 풍미가 있어 달큼하게 맵다.

아르메니아공화국에서 우리 연구실로 유학 온 알센은 중국집 재스민 티의 맛을 아는 몇 안 되는 외국인 중 하나다. 아르메니아 사람은 러시아의 블랙티를 즐기지만, 녹색 허브티도 많이 마신다. 그래서 아르메니아 가정집에는 항상 테이블에 티포트가 놓여 있다. 학교 앞 중국집은 재스민 티를 내준다. 처음에는 테이블마다 다 줬는데 이제

는 달라는 사람에게만 준다. 티를 좋아하지 않는 사람도 있을 수 있으니 이해는 되지만 좀 아쉽다.

알센은 서른 살에 한국에 와서 나와 함께 7년을 연구하고 돌아가 지금은 예레반 대학교(Yerevan State University) 교수다. 그는 나의 아르메니아 첫 제자이기도 하다. 방학 때면 서울에 와서 나와 함께 연구한다. 알센이 좋아하는 음식은 보쌈이지만 단골집이 문을 닫아 이제는 선택 없이 중국집으로 간다. 알센이 오면 이 집에서 환영회를 하고, 가기 전날 이 집에서 다시 환송회를 한다.

알센이 중국집에서 제일 좋아하는 요리는 깐풍기다. 쫄깃한 닭고기와 매운맛, 간장 맛, 생강 맛, 마늘 맛, 달큰한 맛, 약간 시큼한 맛이 어우러진 깐풍기는 짜장면과 짬뽕, 볶음밥 전에 먹는 전식이다. 새우 깐풍기도 있지만 해산물을 먹지 않는 알센의 선택은 닭고기 깐풍기다. 나 역시 닭고기 깐풍기다.

깐풍기는 밀가루나 전분 반죽을 입힌 닭고기를 기름에 바삭하게 튀긴 다음 깐풍기 소스에 다시 한번 볶은 요리다. 반면 탕수육은 깐풍기에 비하면 한 수 낮은 음식이다. 탕수육은 소스를 찍어 먹거나 부어서 먹는데 식감이 깐풍기를 따라오지 못한다. 한 가지 더, 땅콩을 곁들인 깐풍기는 맛이 더 특별하다. 학교 앞 깐풍기의 매력은 땅콩 부스러기에 있다. 다 같은 중국집이라도 맛은 주방장의 창의력에 의해 차이가 난다. 깐풍기와 탕수육을 한꺼번에 시키면 깐풍기의 위력이 나타난다. 깐풍기가 바람과 함께 사라지고 난 다음 서서히 탕수육이 사라진다.

깐풍기를 먹은 후 알센은 볶음밥을 먹는다. 짜장 소스를 곁들인 볶음밥은 어디에서도 맛볼 수 없는 맛이다. 볶음밥에 곁들여 나오는 짬뽕 국물 역시 볶음밥의 늘어진 기름기를 잡아준다. 이런 조화는 하루아침에 만들어진 것이 아니다. 서울 사람들이 오랜 세월을 두고 만든 서울의 레시피가 아닐까?

중국집은 세계 어느 곳에나 있다. 파리의 비싼 중국집에서는 전통 중국 음식을 먹을 수 있지만, 서울의 중국집 맛과 다르다. 파리의 중국집 요리는 레드 와인에 맞는 맛을 지니고 있다. 파리의 대중적인 중국집은 반찬 가게처럼 유리 진열장에 요리를 진열해놓고 판다. 볶음밥에 사이드 메뉴 몇 가지를 한 접시에 담아서 먹거나, 포장해서 먹는다. 재스민 티는 상상할 수도 없다. 세트 메뉴를 시키면 음료로 콜라, 물, 환타 중 하나를 끼워주는 정도다. 마치 반찬 가게 같은 패스트푸드 스타일의 음식점이다. 파리의 일식집은 중국인 주방장이 스시를 만드는 곳이 많다. 일식과 중국 음식의 경계가 애매한 느낌이 들기도 한다. 파리의 중국집 풍경은 이런 수준에 머물러 있지 않을까 하는 생각을 한다.

일본 이바라키현에 살 때 짜장면이 생각나 신주쿠에 있는 중국집을 수소문해 찾아간 적이 있다. 한국에서 중국집을 하다 일본으로 온 주방장이 연 곳이었다. 타국에서 고향 사람을 만난 것처럼 마음이 푸근했다. 특이한 점은 그 집 분위기였다. 식용유, 깡통, 밀가루 포대 등이 어지럽게 널린 실내 풍경이 한국의 동네 중국집을 일본으로 옮겨온 분위기였다. 모두 짜장면과 짬뽕을 주문했다. 당연히 양파와 춘장, 노란 단무지가 나왔다. 같이 간 후배가 "여기 양파하고 노란 무 좀 더 주세요" 할 때까지는 좋았다. 하지만 돈을 더 내야 한다는 말을 듣고 순간 서로를 쳐다보며 '아, 이곳이 일본이구나' 깨달았다. 일본의 중국집 하면 야박했던 '양파와 춘장, 노란 단무지'가 생각난다.

창성동 실험실에서 일할 때 음식점에 갈 시간이 없으면 큐레이터들과 배달 음식을 시켜 먹는다. 짬뽕을 시키고 짜장면을 시키고 탕수육을 시킨다. 탕수육을 시키는 단 한 가지 이유는 만두 때문이다. 탕수육을 시켜야 만두가 서비스로 나온다. 이렇게 시키면 3명이 먹기에 딱 적당하다. 여기에 당연히 이과두주 두 병이 포함된다. 서비스 만두는 식었지만 촉촉하고 맛있다. 만두를 짬뽕 국물에 소스처럼 적셔 먹으면 맛이 더 좋아진다. 이렇게 먹다 보면 이과두주 두 병으로는 감당이 안 된다. 어느새 다른 술을 따서 마시고 있다.

격식 없는 식탁이 주는

즐거움이 번개처럼 만들어지는 곳은 서울 외에 없다. 전화로 주문하고 전화기를 내려놓는 순간 배달원이 마치 집 앞을 배회하고 있었던 것처럼 이내 들이닥친다. 서울의 이런 중국집 배달 문화는 세계에서 제일 앞서 있다. 30년 전에도 학교 언덕에서 짜장면을 시켜 먹었다. 학교 바로 앞 2층에 중국집이 있었다. 그 당시는 공중전화로 배달 음식을 주문했다. 그때도 배달 온 사람이 우리 주위 나무 뒤에 숨어 있다가 꺼내놓는 것처럼 빨랐다. 우리가 짜장면을 먹는 동안 빈 그릇을 기다리며 잠시 잔디밭에서 여유를 부리던 배달원 모습이 눈에 선하다.

오토바이 헬멧을 쓰고 들이닥치는 배달원은 돈 받을 때 자랑이라도 하듯 주머니에서 지폐 뭉치를 꺼내서 거슬러 준다. 나는 항상 이 모습에 기가 죽었다. '음… 사람들이 이렇게나 많이 배달시켜 먹나' 하는 생각도 든다. 예전에는 헬멧도 쓰지 않고 불안불안한 모습으로 배달했는데 요즘은 헬멧을 꼭 쓴다. 길거리에서 자전거 헬멧을 쓰고 배달하는 모습을 보면 미소가 지어진다. 유머러스한 서울의 모습이다. 재미나고 나쁘지 않다. 이런 모습들이 서울의 골목 풍경 속에 녹아 있어 좋다.

휴대폰의 속도는 4G에서 5G로 서서히 움직이고 있다. 하지만 이미 최고 속도를 보이고 있는 서울의 배달 오토바이는 얼마나 더 빨라질 수 있을까? 물리학자 입장에서 그 속도가 정말 궁금하다.

epilogue

얼마 전 서촌 거리를 걷다가 번개같이 배달하는 중국집의 비밀을 알게 되었다. 마치 테러 현장을 진압하는 비밀 요원의 긴박한 작전처럼 간짜장 하나를 들고 골목의 무리 속으로 사라지는 배달원 모습을 보았다. 인상적이었다. 그래서 사진기를 집어 들고 그 현장을 찍었다.
오늘은 친구들에게 번개를 쳐서 깐풍기를 먹고 싶은 날이다.

서울의 막다른 골목

이태원에는 멋진 골목길이 숨어 있다. 해밀턴호텔에서 보광동 쪽으로 가다 보면 나오는 앤티크 거리 뒤편이 그곳이다. 이 골목길은 오래된 한옥, 적산가옥, 양옥, 다세대주택 등이 뒤섞여 서울 근대사가 만들어낸 추상 조각 같다. 시간을 달리해 불규칙하게 지은 것 같지만 주위 경관을 해치지 않고 자연스럽게 어우러진다. 각기 다른 시대의 주택들이 각기 다른 모양의 대문으로 골목길을 마주하고 있다.

이 골목 속에서 사람들은 봄, 여름, 가을, 겨울을 살아가고 있다. 굴곡진 언덕과 좁은 골목길, 가파른 계단에서 어떻게 살까 싶기도 하지만, 이는 밖에서 바라보는 외부 사람들의 기우일지 모른다.

나는 한 달에 한두 번 이 골목길을 지나 미용실에 가서 머리를 손질하거나, 아랍 상점에서 장을 본다. 대로변에서 골목으로 들어서면 언덕이 시작되고, 조금 더 올라가면 두 갈래 길이 나온다. 이쯤에서 항상 헷갈린다. 그리고 항상 막다른 골목을 선택한다. 그 길이 색다르기 때문일까? 막다른 골목을 되돌아오면 출구에 도달할 수 있다.

올라가는 길에 남산이 보이고, 파란 용산의 하늘이 지붕과 지붕 사이로 모습을 드러낸다. 서울 풍경을 오랜 시간 축적해 담고 있는 곳이 바로 여기가 아닐까.

언덕을 이룬 골목길은 평지의 골목길보다 매력적이다. 등고선을 따라 수직에서 수평으로, 다시 직선에서 곡선으로 부드럽게 휘어 올라간다. 골목길 너비는 인간의 비례 감각에 따라 정해진다. 두 사람이

지나갈 정도의 인간적인 크기다. 'ㅡ', 'ㄱ', 'ㄴ', 'ㄷ' 자 구조의 집들은 모양, 크기, 방향이 모두 제각각이다. 작은 마당이 딸린 집도 있고, 방문이 골목으로 바로 난 곳도 있다. 이런 조합으로 빽빽이 집을 짓다 보면 막다른 골목이 만들어진다.

골목 설계는 많은 집을 짓고 출입구를 가장 효율적으로 만들 수 있는 방법이 원칙이다. 골목은 도로가 아니다. 예정된 설계란 없다. 즉흥적으로 집 입구가 두 개가 되면서 집이 두 채가 되기도 한다. 빈 공간이 생기면 집을 짓고 대문을 낸다. 이 과정에서 어쩔 수 없이 만들어지는 것이 가파른 계단이고 막다른 골목이다. 계획되지 않은 도시의 방정식에서 떨어지지 않은 '나머지 수'가 막다른 골목인 것이다.

파리엔 막다른 골목이 없다. 19세기 이전 중세 파리는 좁은 길이 미로같이 얽혀 있는 도시였지만, 1853년 파리 행정관 조르주 외젠 오스만이 미로같이 얽혀 있는 파리를 광장과 직선 도로로 재정비했다. 광장과 직선으로 연결되는 대로에 이름을 붙이고 도로 양옆에 건물을 지었다. 이런 계획도시엔 막다른 골목이 있을 이유가 없다.

모로코 마라케시의 제마엘프나 광장 옆 수크 전통시장은 좁은 골목길로 이어져 있다. 1000년을 이어온, 혼돈이라면 혼돈이라 할 골목길의 규모는 인간이 아니라 당나귀에 의해 정해졌다. 좁은 시장 골목길을 오가며 물건을 나르는 당나귀의 행동반경에 따라 너비와 곡률이 정해진 것이다. 이곳 길은 빙빙 돌 뿐 막다른 골목이 없다. 오래된 중국의 구도심 역시 좁은 골목은 있지만, 모든 길은 큰길과 연결되어 있다. 일본은 다르다. 지하철 역사를 중심으로 상가로 연결된 제법 큰 대로에 나뭇잎 잎맥 같은 수상돌기 구조의 도로가 뻗어 있다. 이 도로에 막다른 골목이 있다. 그런데 우리와 다른 점은 자연스러움이 없는 획일적인 직선이라는 것이다.

용산이 개발되면서 우사단길은 아파트가 들어서기 시작했고, 보광동 역시 재개발을 기다리고 있다. 서서히 이태원 골목길이 사라지고 있다. 새로운 임기를 맞은 서울시장은 서울을 '통째로' 재개발한다고 이야기한다. '통째로'의 의미가 뭘까?

용산역 주변을 프랑스 파리 남서쪽 지역인 리브고슈, 독일 슈투트가르트역, 일본 도쿄역을 모델로 개발할 예정이라고 한다. 서울의 고유한 문화적 정서가 담긴 건축 모델에 대해서는 이야기가 없다. 프랑스, 독일, 일본의 개발 모델이 뒤섞인 신도시는 가능할까? 어떤 모습의 도시가 탄생할까?

1990년 파리 리브고슈 지역 중심인 오스테를리츠 기차역 근처 다락방에서 유학 생활을 했다. 당시 그곳에 있는 파리6대학을 포함해 파리 남서쪽은 전체적으로 재개발이 시작되고 있었다. 도미니크 페로(이화여대 캠퍼스센터도 설계)가 설계한 파리 국립도서관(미테랑 도서관이라고 불리는)은 1989년 공사를 시작했다. 이 도서관은 센강 옆 철도 기지창으로 쓰던 661㎡(약 20만 평) 넘는 부지에 짓기 시작해 6

년 후인 1995년 완공되었다. 설계를 공모한 시간까지 포함하면 더 많은 시간이 걸렸을 것이다. 30년이 지난 지금도 계획을 세워 서서히 도시를 만들어가고 있는 리브고슈 지역을 보면서 생각한다.

'우리는 몇 년 안에 해치울까?'

서울의 도시 디자인은 많은 부분 정치적·경제적 논리에 의해 좌우된다. 그것도 다급하게 통째로 개발하고 있다. 좀 서서히 개발하면 안 되는 걸까? 지금 우리보다 더 똑똑한 젊은이들에게 기회를 주어도 될 듯하다. 서울의 골목과 막다른 골목을 통째로 없애는 것보다 서서히 변화시키는 것도 젊은 친구들이 서울을 서울답게 만들 수 있는 좋은 교육이 아닐까? 얼마 후 영원히 사라질 용산의 막다른 골목을 바라보며 든 생각이다.

epilogue

이태원 골목을 지날 때 가끔 고등학생이 담배 피우는 모습을 본다. 연인이 골목길 보안등을 피해 서로 껴안고 있는 모습도 본다. 나쁘지 않다. 골목이기에 할 수 있는 일이니. 나 역시 골목에서 담배를 피웠고 사랑을 속삭였다. 한창 사랑을 속삭이면 담장 너머에서 어른의 마른 기침소리가 났다.
"흐흠"
그러면 이별을 아쉬워하며 여자 친구를 집으로 들여보냈다. 그러곤 막차를 타기 위해 버스 정류장으로 달려가야 했다. 서울 골목은 나에게 이런 곳이다. 골목의 주름처럼 많은 이야기와 추억이 담긴 곳. 절대 사라지지 않았으면 하는 바람은 이런 추억을 오래 간직하기 싶기 때문이다.
"잘 지내고 계시죠?"

서울의 '원샷,
맥주잔

대학 시절 추억의 반은 MT와 관련한 것이다. 당시 신촌역이나 청량리역에서 기차 타고 MT를 간 곳은 지금은 대부분 서울시 근교가 되었다. 지하철이 생겨 몇 번 갈아타면 쉽게 갈 수 있게 됐지만, 그 당시는 기차를 타고 가야만 하는 곳이었다. 밤새 놀고 지친 몸으로 기차역에서 하염없이 서울행 기차를 기다리던 기억이 새롭다.

이제 나는 학생들을 데리고 MT를 가는 입장이 되었다. 기차를 낭만으로 생각하는 세대가 몇 학번까지인지는 모르겠지만, 요즘은 물리학과 학생들과 관광버스를 타고 MT를 간다. 물론 그 버스를 타고 출발한 학교로 다시 돌아온다. 마치 통조림 같은 MT라고 생각하지만, 이것이 지금의 MT 문화다.

MT 하면 생각나는 풍경 하나가 있다. 아침에 숙소 옆 구멍가게에 앉아 밤새 마신 술을 콜라 한 잔으로 깨고 있었다. 까무잡잡한 아저씨 두 분이 다가와 우리 옆 기다란 나무 의자에 앉았다. 구멍가게와 이 두 사람이 만든 풍경이 마치 소설의 한 장면 같다는 생각을 했다. 아무 말 없이 아저씨 한 분이 가게로 들어가 소주 한 병과 달걀 두 개, 유리잔 두 개를 들고 나왔다. 잠시 '저 달걀은 삶은 건가?'라는 생각을 깨기라도 하듯 날달걀을 하나씩 깨서 잔에 넣고 소주를 가득 따랐다.

'아, 이건 뭐지?' 다음 장면을 기다리는 순간 두 사람은 동시에 날달걀이 들어간 소주를 '원샷'하고 5월의 바람처럼 그 자리를 떠났다. 내 삶의 장면 하나를 만들어놓고. 두 사람이 떠난 후 친구와 그분

들을 따라 해보다 오바이트하고 하루 종일 고생한 기억이 새롭다.

당시 그 멋진 아저씨들이 원샷을 하던 잔은 지금까지 전혀 변하지 않은 형태로 서울의 식당에서 사용되고 있다. 이 유리잔의 용도는 정말 다양하다. 물잔, 맥주잔, '쏘맥'잔, 음료수잔, 심지어 여기에 믹스 커피를 타주는 식당도 있다. 어떤 종류의 맥주도 상관없다. 사이다, 콜라도 마찬가지다. 이 잔 하나면 충분하다. 나쁘지 않다.

맥주의 생명은 온도다. 맥주의 온도가 맥주를 즐기는 핵심 요소다. 맥주를 만드는 기본 재료는 물이다. 물을 이용해 맥아, 홉, 효모, 향신료를 담아 발효시킨다. 에일 맥주는 14~16℃에서, 라거 맥주는 6~8℃에서 발효시킨다. 그래서 맥주를 마실 때 가장 맛있게 먹을 수 있는 온도는 발효할 때와 비슷한 온도다. 라거는 5~7℃, 에일은 조금 높은 10~13℃다.

내 취향은 라거 맥주다. 무엇보다도 라거의 호박색이 좋다. 향이 은근하고 뒷맛이 은은하면서 깔끔한 것이 매력이다. 이런 맛을 제대로 즐기기 위해서는 맥주 온도와 잔 온도가 중요하다. 냉장고에 보관한 찬 맥주를 상온의 유리잔에 따르면 맥주는 온도가 올라간다. 열은 높은 곳에서 낮은 곳으로 전달되는 원리다. 유리잔에 맥주를 따르면 잔 온도가 맥주에 전달된다. 그

래서 상승한 맥주 온도는 맥주 속에 녹아 있는 이산화탄소를 기포로 만든다. 그리고 이 기포는 부력으로 중력을 이기고 위로 올라가 거품이 된다.

맥주 온도가 급격히 높아지거나 충격에 의해 운동에너지가 증가하면 이산화탄소가 더 많이 발생한다. 맥주를 흔들면 거품이 많아지는 것은 맥주의 운동에너지가 커지기 때문이다.

'쏘맥'은 이 물리적 원리를 이용해 만든다. '쏘맥'을 만들 때 일반적으로 스테인리스 숟가락을 사용하는 것은 두 가지 효과를 효율적으로 이용하기 위해서다. 숟가락 온도, 숟가락을 맥주잔에 꽂을 때 생기는 운동에너지를 이용해 '쏘맥의 핵심'인 기포를 만드는 것이다. 기포가 소주와 맥주의 대류를 만들어 '쏘맥'을 살아 있는 액체로 만든다.

모든 맥주는 고유의 맛에 맞는 잔이 있다. 하이네켄 맥주 전용 잔이 있고, 기네스도 기네스 맥주에 최적화된 잔이 있다. 일본 맥주는 상표에 따라 디자인이 각각 다른 맥주잔이 있다. 수입 맥주는 대부분 전용 잔이 있다. 잔과 맥주를 보관하는 온도를 5℃로 엄격히 지키면 맥주 한 병을 전용 잔에 따랐을 때 거품과 함께 정확히 찰랑찰랑 채워진다.

맥주잔의 두께는 맥주를 맛있게 마실 수 있는 핵심 요소 중 하나다. 물리학적 수식으로 볼 때 맥주잔이 두꺼우면 열전도율이 떨어지고, 표면적이 커지면 열전도율이 올라간다. 이 두 요소가 적당히 조합되면 맥주를 처음 온도로 끝까지 마실 수 있다.

열전도 현상을 이용해 맥주잔 표면에 물방울을 만들 수 있다. 맥주잔 표면에 생기는 물방울 역시 맥주를 맛있게 만드는 핵심 요소다. 찬 맥주를 따르면 유리잔 표면의 온도가 내려가 수분이 응결되어 물방울이 생긴다. 우리 눈에 보이지는 않지만 공기 중에는 수증기가 있다. 이 수증기가 차가운 물체에 닿으면 응결해 유리잔 표면에 물방울이 맺히게 된다. 물방울은 열전도율이 유리보다 두 배 정도 낮다. 결과적으로 외부의 높은 온도가 유리잔 안 맥주로 전달되는 열을 차단함으로써 맥주 온도를 지키는 역할을 한다. 맥주를 따를 때 유리잔에 맺히는 물방울은 맛있는 맥주를 마실 수 있다는 물리적 증거인 셈이다.

물리학적으로 가장 이상적인 맥주잔 중 하나는 벨기에 맥주 스텔라 아르투아다. 330cc 병맥주 한 병을 정성스럽게 따르면 병에 한 방울도 남지 않고 맥주 거품과 함께 찰랑찰랑 채워진다. 이런 조건을 충족시키기 위해 스텔라 아르투아 맥주잔은 약 1.5mm 두께로 만든다.

일본의 맥주잔은 얄미울 정도로 얇고 볼륨도

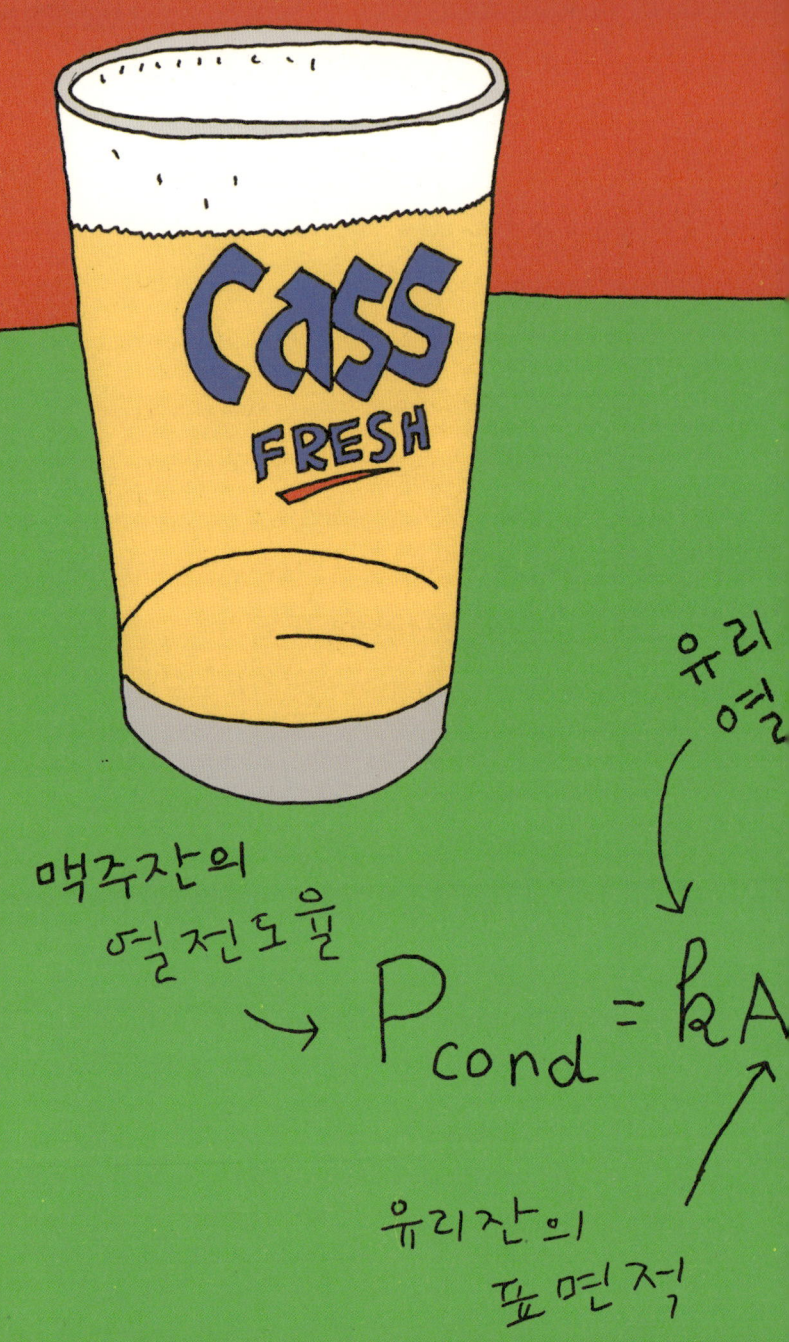

작다. 상대방의 잔이 비는 것을 참지 못하는 첨잔 문화가 있는 일본의 경우 잔이 크면 맥주 온도를 효율적으로 유지할 수 없다. 이런 이유로 작은 사이즈에 두께 1mm 정도의 맥주잔을 사용한다.

유리의 특성상 맥주잔이 얇아질수록 깨지기 쉽다. 물리적으로 얇으면서도 깨지지 않는 구조를 만들기 위해서는 입술과 닿는 유리잔 끝을 둥글게 디자인해야 한다. 두께가 일정한 유리잔의 경우 깨지기 쉽지만, 끝을 둥글고 두껍게 처리하면 내구성이 강해진다. 하지만 입술이 닿는 맥주잔 끝부분의 섹시함은 사라진다.

한국 식당에서 사용하는 맥주잔은 '맥주 컵'이라고 부르는 게 어울릴 정도로 두껍다. 다른 수입 맥주잔에 비해 1~2mm 이상 두꺼운 3~3.5mm다. 그래서 튼튼하다. 살짝 잔을 부딪쳐 건배하는 외국 사람에 비해 좀 과격하게 건배하는 것을 좋아하는 우리 음주 문화에는 최적의 잔이다.

맥주잔 굽 또한 두꺼워 안정적이다. 그리고 다른 수입 맥주잔에 비해 높이가 낮다. 한 잔에 한 병을 다 담을 수 있는 디자인을 고려하면 스텔라 아르투아 맥주잔처럼 둥근 형태이거나 길이가 길어질 수밖에 없다. 우리 맥주잔이 크기가 작고 높이가 낮아도 문제가 되지 않는 이유는 자기가 마실 맥주는 자신이 직접 따라 마시는 외국의 음주 문화와 달리 상대방이 따라주는 권주 문화 때문이다.

이 유리잔이 우리 음주 문화에 최적의 디자인이라고 생각하는 또 다른 이유는 '쏘맥'을 만들 때 스테인리스 숟가락의 충격을 견딜 수 있는 내구성, 충격에 굳건히 중심을 잡을 수 있는 무게감 때문 아닐까?

뚝배기 같은 유리잔을 대신할 맥주잔이 있을까 생각해보지만 대안이 없다. 맥주잔 온도를 생각해 스텔라 아르투아 맥주잔 같은 디자인으로 바꾼다면 삼겹살집이나 고깃집에 밀려드는 손님을 상대하기란 불가능할 것이다.

40년 전 날달걀을 넣은 소주잔으로도 쓰던 이 맥주잔이 사라지지 않은 이유는 무엇일까? 아마도 '나쁘지 않기' 때문일 것이다. 좋지는 않지만 나쁘지도 않은 실용성이 서울의 음주 문화를 디자인해온 이 맥주잔의 훌륭한 점이다.

한 가지 더 하고 싶은 이야기. 한국의 맥주 회사가 스텔라 아르투아 맥주잔 같은 우아한 잔을 디자인하는 것보다 뚝배기 같은 이 유리잔의 적정 온도를 유지해주는 맥주잔 전용 냉장고를 제공하는 것이 '더 현명한 디자인' 아닐까?

epilogue

작년 여름은 제랄과 함께 프랑스에서 지냈다. 프랑스도 예외 없이 여름 한낮 날씨는 살인적이었다. 에어컨이 없는 연구실에서 일을 마치고 파김치가 되어 돌아오는 차 안에서 둘이 내뱉은 말은 같다.
"맥주 한잔!"
제랄의 집에는 작은 풀장이 있다. 지금까지 내가 경험한 가장 시원한 맥주를 마실 수 있는 장소는 풀장 안이다. 맥주 온도, 맥주잔 온도, 몸 온도, 이 세 가지가 조화를 이룰 때 최고 맥주 맛을 낸다. 올여름에도 풀장에서 맥주를 마실 수 있기를 고대하며, 서울에서 '맥주잔'으로 맥주를 마시면서 그날을 기다려본다.
맥주의 계절이 와서 행복하다.

목 기 러 기 와 주 례 사

전통 혼례에 쓰던 목기러기가 명주 보자기에 싸여 있다. 옻칠이 기러기를 보호하지만, 어쩔 수 없이 세월에 의해 산화된 표면은 더 깊은 색으로 변했다. 이렇듯 현실과 동떨어진 깊은 색은 세월만이 만들어낼 수 있다. 마치 포토샵으로 기러기 형태를 따라 현실 세계로부터 '누끼'를 딴 것처럼 입체감이란 찾아볼 수 없다('누끼ぬき'는 '빼다', '뽑아내다'라는 뜻의 일본어다 - 편집자 주).

기러기는 어느 곳 하나 거침없는 곡선으로 이루어졌다. 나뭇결이 오랜 세월 동안 부드럽게 무뎌진 것일까? 부드럽게 흐르는 곡선은 무난하게 흐르기를 바라는 시간을 표현한 것일까? 얼마나 많은 신랑, 신부가 이 기러기의 도움으로 혼례를 치렀을까? 끝없는 이야기가 기러기를 감싸고 있다.

색 바랜 명주 보자기가 없었다면 목기러기는 어떻게 됐을까? 목기러기는 명주 보자기를 통해 생명을 얻었다. 나무가 아닌 기러기로. 2차원의 평면 보자기가 기러기를 감쌈으로써 기러기는 3차원 공간 속에 놓이게 되었다. 2차원에서 3차원으로의 확장, 이 얼마나 멋진 일인가.

하나를 더해 완벽한 공간을 만드는 디자인 기술, 목기러기를 만든 사람은 이걸 어떻게 알아냈을까? 물건을 딱딱한 상자에 넣기 좋아하는 서양의 디자인적 욕망을 보자기는 거부한다. 붉은색, 옥색, 바랜 감색, 검은색으로 이루어진 사각 보자기가 기러기를 곡선으로 더 완벽하게 가둬놓고 있다.

　　혼례 때 목기러기를 사용하는 풍습은 중국에서 왔다. 예전에는 아들 둔 집에서 기러기를 직접 기르다 아들이 장가가는 날 기럭아비가 살아 있는 기러기를 등에 지고 앞장섰다. 번거롭고 불편한 풍습은 이후 나무로 조각한 기러기로 대체되었다. 세월의 변화 속에 핵심인 원형은 간직한 채 새로운 형식으로 만들어진 것이다. 목기러기는 마을에 하나 장만해놓고 혼례 때 공동으로 쓰던 물건이다. 양반 대갓집은 문중에서 위엄 있는 모양의 기러기를 만들어 대대로 사용했다. 정교하게 조각했고, 장대하고 위엄 있게 만들었다. 양반 대갓집의 목기러기는 머리와 몸통이 통으로 이어져 있다. 하지만 서민의 목기러기는 목과 몸통을 따로 조각해 꿰어 맞춰 붙인 것이 많다. 이 목기러기는 목과 몸통을 따로 만든 것으로, 소박해 보여서 더 정감이 간다.

　　기러기는 사랑을 상징한다. 신랑, 신부가 백년해로하겠다는 서약을 전달하는 도구다. 목기러기 모양은 지방에 따라 다르다. 물이 많은 곳의 기러기와 산속의 기러기가 같을 순 없다. 영서 지방은 저수지에서 노는 청둥오리를 많이 닮은 형태이고, 영동 산간 지역은 산비둘기 같은 느낌의 기러기가 많다. 지방이라는 공간의 수평적 변화가 디자인의 다양성으로 이어지는 건 재미난 요소다.

　세월이라는 수직 축의 변화에 따라 살아 있는 기러기에서 목기러기로, 이후 시간의 흐름과 함께 상징성 하나만 지킨 채 다양한 형태의 목기러기로 변모했다.

　기러기를 조각한 다음 옻칠을 하는 대신, 아교에 색이 들어간 돌가루를 섞은 당채唐彩라는 새로운 재료로 대체되었고, 화려한 색감의 보자기로 감싸지 않고 목기러기에 바로 채색하기도 했다. 또 기러기의 곡선이 한순간 아방가르드한 직선의 입방체로 변하기도 했다.

　지방의 한적한 골동품점에서 먼지가 잔뜩 쌓인 당채 목기러기를 발견했다. 70년 전에 만든 것으로 보이는 이 당채 목기러기는 옻칠한 목기러기에 비하면 주목받지 못하는 물건이었다. 당연히 싼값에 거래되었다. 몸통에 무심히 그은 선은 깃털을 의미하는 것일까? 중앙의 삼색 날개는 표현의 의미를 뛰어넘을 정도로 모던하다. 계산된 선은 어느 것 하나 없다. 윗면을 그리고 옆면을 그리다, 다시 반대쪽 뒷면을 그린다. 이 면에 도달하면서 붓에 힘이 빠진다. 붓질은 바빠지고 있는데 붓에 묻은 안료는 바닥을 드러낸다. 이 기러기는 몇 번의 붓질로 완성된 것일까?

　기러기 목과 머리의 기하학적 구도 역시 심플하다기보다는 조형미가 있다. 직사각형 나무의 3분의 1 되는 지점을 사선으로 잘라 짧은 조각으로는 머리를, 나머지 긴 조각으로는 목을 만들었다. 계산된 수학적 간결함. 뭔가를 더 해야 할 필요가 없다. 딱 떨어지는 삼각함수의 해解처럼 몸통 역시 정사각형 각목을 사선으로 자르면 몸통이 두 개 된다. 톱질 한 번으로 두 마리의 목기러기가 탄생된다. 어떤 곡선도 끼어들 틈이 없다. 세 번의 톱질로 기러기 두 마리를 만드는 심플함. 과감한 면 분할을 통해 구조물을 만드는, 기초 디자인의 원리가 만들어낸 파격적인 모양에서 정제된 추상을 본다. 그 이유는 뭘까? 곡선의 기러기가 수직, 수평, 사선으로 구성된 추상의 오리로 변했다. 물질적 변화에 대한 추상적 분석을 이 기러기를 만든 사람은 이해했을까? 구조와 형체를 각진 물질로 환원하듯 마감했다. 이것을 완성이라 해야 하지 않을까?

    132쪽의 페인트칠을 한 목기러기는 버려지다시피 한 물건이었다. 지방 골동품점의 보이지 않는 구석에 자리하던 것이 내 손에 들어오게 된 것이다. 이 당채 목기러기에서 '기러기'는 사라진다. 평면의 공간이 사각의 공간과 결합한 과감한 건축 같은 오리 구조물이 탄생한다. 면과 면을 잇는 기술은 도구가 해결한다. 멋진 도구로 사각 면을 해체해 다시 곡선을 만든다. 당채 물감은 이제 페인트로 바뀌었다. 멀리서 찾을 필요가 없다. 있는 재료를 최고의 것으로 만들면 된다. 색채 역시 당채의 현란한 색보다 더 자유로워졌다. 구조적 형태를 배경화하려는 듯한 속도감 있는 붓 터치가 완성을 가져왔다. 붓질의 속도에

는 시공을 뛰어넘는 내공이 숨어 있다. 막 그린 것같이 어설퍼 보이지만 강한 붓 터치의 힘은 어디서 온 것일까? 그것은 오리가 완벽해지는 기술이다. 검은 페인트의 붓 터치 하나로 만든 공간감은 너무나 모던하다.

이제 목기러기는 기념품이 되었다. 공항에서 판매하는 한국 관광 기념품. 기러기 모양도 아이들이 욕조에 띄우고 노는 오리처럼 변했다. 이런 변화, 나쁘지 않다. 예전 신랑은 당나귀를 타고, 신부는 가마를 타고 치르던 혼례식과 지금의 현란한 결혼식을 비교하면 이런 변화는 변화도 아니다.

epilogue

지금까지 두 번 주례를 했다. 20년 전이다. 내게 처음 주례를 부탁한 신랑은 후배였다. "형이 안 해주면 주례를 돈 주고 사야 해요." 이 말에 허락했다. 내 결혼식 때 입은 양복과 구두, 넥타이를 준비해놓고 전날 주례사 연습을 했다. A4 용지에 원고를 쓰고 고치면서 밤을 새웠다. 긴장의 아침, 어떻게 주례사를 했는지 기억에 없다. 기억에 남는 것은 주례사 시작 전에 잠시 담배를 피우러 간 후배들이 돌아오니 주례사가 끝났더라는. 이 짧은 주례사가 전설이 되었다. 나에게는 비참한 기억이지만. 그 후 부부 사이가 좋지 않다는 이야기를 건너 건너 들을 때면 가슴이 철렁철렁 내려앉았다. 다 내 탓이다!

그 후 사양에 사양을 하다가 두 번째 주례를 하기로 했다. 가장 아끼는 제자였다. 이번에는 가능한 한 길게. 신부 아버님이 전날의 숙취 때문인지, 지루하기만 한 내 주례사 때문인지 하품하는 모습에도 굴하지 않고 주례사를 이어나갔다. 솔직히 가늘고 길게.

제자 부부는 이후 미국으로 유학을 갔고, 그곳에서 결혼 생활을 잘하고 있다는 소식에 마음을 놓고 있었으나, 귀국해 결국 둘이 헤어지기로 했다는 이야기를 전해 들었다. 가장 아끼는 제자였는데…. 다 내 탓이다!

최근 제자 중에 아르메니아공화국에서 온 샨트 박사가 결혼을 했다. 내 연구실에서 박사 학위를 받고 한국의 대기업에서 일하는 그는 이번 여름 아르메니아에서 결혼식을 올렸다. 나에게 초대장을 보냈지만 일정이 있어 가지 못했다. 가면 멋진 결혼식을 즐겼을 텐데.
예전 아르메니아공화국에서 지낼 때 결혼식이 있으면 사람들은 나를 초대하곤 했다. 그곳 결혼식은 성당에서 식을 마치면 신랑, 신부와 함께 술을 마시고 밤새 춤추며 논다. 아르메니아공화국에서 가장 맛있는 음식과 술을 마실 수 있는 기회가 결혼식이다. 시골에서 결혼식을 위해 양 두 마리와 소 한 마리를 잡는다. 술도 와인부터 보드카, 코냑까지 끝이 없다. 결혼식 피로연에서 아침까지 술 마시고 춤추면서 놀면 숙취도 없다. 그 기운이 어디서 나오는 것인지….
아르메니아인의 결혼식에 혹시 목기러기 같은 혼례용 물품이 있는지 유심히 살펴봤지만 없었다. 특별한 것은 초콜릿이었다. 신랑이 아침에 결혼식을 올리기 위해 신부 집에 갈 때 최고의 초콜릿을 이바지로 가져간다. 우리의 목기러기에 해당하지 않을까?

서울이 품은 남산,
남산이 품은 서울

남산은 항상 유혹적이다. 봄, 여름, 가을 그리고 겨울. 특히 봄날 남산은 환상적이다. 벚꽃이 필 때 학교에 가기 위해 지하철을 타러 가다가 발걸음을 돌려 남산에 올라간 적이 여러 번 있다. 이런 증상은 계절마다 반복되지만 특히 봄에 유혹이 더 크다.

어떤 날은 남산을 보면 괜히 가슴이 뛴다. 누구는 갱년기 증상이라고 말하지만, 갑자기 남산을 바라보면 허무한 감정이 심장을 치고 올라온다. 이런 날엔 이태원 지하철역으로 들어가는 걸 포기한다. 그만큼 남산이 위안이 되었을까?

남산의 남쪽은 하얏트호텔에서부터 시작한다. 하얏트호텔 아래 이태원 쪽으로 나 있는 한남동 길은 상당히 권위적이다. 우선 높은 담장이 인간의 접촉을 거부한다. 그것도 부족해 축대를 쌓고 등고선 아래로 선을 그어 풍경을 내쳐버린다. 마치 보기 싫은 풍경을 칼로 도려내듯이. 언덕길 도로엔 아스팔트가 깔려 있지만 인도와 차도를 구분하는 선은 물론 차도엔 중앙선도 없다. 철저히 사람이 배제된 이곳, 넘지 말아야 할 중앙선이 필요하지 않은 이곳은 서울에서 가장 땅값이 비싼 곳 중 하나다.

언덕길을 걸어 오르다 보면 마치 들어가면 안 될 곳을 침입한 사람 같은 느낌을 받는다. 감시당하는 느낌. 언덕을 오르는 것도 힘든데, 저절로 숨이 막힌다. 감시하는 사람과 감시당하는 사람이 공유해야 하는 물리적 에너지는 소모적이다. 울타리 안에 있는 사람과 밖에 있는 사람을 구분하는 카테고리 역시 거부감으로 넘친다. 하지만 어쩌 겠는가! 이 능선을 넘으면 어느 누구에게도 소유되지 않은 남산이 기다리고 있는데….

남산을 오르는 길이 이곳만 있는 것은 아니다. 다른 길을 선택하면 더 재미난 풍경을 보면서 오를 수 있다. 해방촌 길 역시 재미있다. 요즘은 카페가 양옆으로 진을 치고 있지만, 골목 하나만 뒤로 가면 단독주택과 연립주택이 이국적인 풍경을 자아낸다. 마을버스로 연결된 남산 아래 해방촌은 다른 곳과 달리 서민적이고 에너지가 넘친다. 해방촌이라는 이름에서 힘이 느껴진다.

후암동은 점점 훼손되어가고 있긴 하지만 시장도 있고, 오래된 맛집도 많고, 골목길도 아직 살아 있다. 모든 길이 남산을 향해 나 있고, 남산 풍경을 배경 삼아 걸을 수 있다. 무질서한 전깃줄을 배경으로 우뚝 선 남산이 멋지다. 밤엔 더 황홀하다. 이곳엔 서울의 멋진 골목 풍경이 살아 있다.

그 옆으로 돌아 서울역에서 힐튼호텔 쪽으로 접근하는 도로는 도시적이다. 건물들 사이로 지나다 보면 어느새 남산을 오르는 계단에 도착한다. 이곳도 매력적이다. 특히 해가 뜨는 아침에 이 길을 통해 남산에 오르면 도시를 몰래 빠져나가는 듯하다. 반대로 남산 정상 팔각정에서 서울역 쪽으로 내려오면 한 걸음 한 걸음 도시로 들어온다는 느낌이 든다. 올라갈 때와 내려올 때의 느낌이 대칭을 이루지 않은

길이 이 남산 길이다.

    남대문 길 역시 큰 도로를 피해 아기자기한 골목길을 오르다 보면 남산에 도달한다. 더 북쪽으로 돌아가 종로3가 종묘 앞 세운상가를 거쳐 대림상가, 삼풍상가, 신성상가, 진양상가를 지나도 남산으로 연결된다. 종묘에서 남산으로 이어지는 독수리 5형제 같은 상가 길에서 삼풍상가와 신성상가는 사라지고 없다. 종묘를 거쳐 남산으로 연결되는 상가 길이 완성된다면 멋질 것 같다.

    충무로 뒷골목과 연결된 필동면옥에서 냉면 한 그릇에 소주 한 잔하고 나와 고개를 오른쪽으로 돌려 바라보는 남산의 모습은 필동면옥의 육수처럼 삼삼하다. 어두우면 어두운 대로, 비가 오면 비가 오는 대로, 달이 뜨면 달을 배경으로 바라보는 남산은 시적이고, 멋스럽다.

    남산으로 접근하는 것을 막는 것은 순환도로다. 바리캉으로 남산의 허리춤을 과감하게 밀어버린 것처럼 도로를 낸 발상은 어디에

서 나왔을까? 남산으로의 침입을 경계한 군사적 의도에서 만든 도로인데, 이제 '과연 누구를 위한 도로일까' 다시 생각해봐야 한다. 남산의 남과 북, 동과 서로 통하는 터널도 있는데, 굳이 남산을 둘러 자동차 도로로 차단할 이유는 없다. 남산으로 접근하는 것을 막는 이 도로를 자동차가 아닌 서울 시민에게 돌려줘야 한다.

　팔각정 정상까지 뻗은 도로 역시 멋지지 않다. 팔각정 아래 편의점이 있는 버스 정류장은 너무 상업적이다. 버스로 오르내리는 중국 관광객을 위해 2차선 도로를 내준다는 것은 남산의 가치를 관광지 정도로밖에 생각하지 않는다는 의미가 아닐까? 이런 도로와 관광객을 실어 나르는 버스가 사라질 때 남산이 남산다워질 수 있다고 생각한다. 우리는 길을 넓히는 데 에너지를 낭비하고 있다. 서울의 남산은 오솔길이다. 언제 버스가 사라진 남산의 오솔길을 걸어볼 수 있을까?

　내가 남산을 가까이 생각하는 이유는 남산도서관이 있기 때문이다. 풀리지 않는 문제가 있으면 종이와 연필을 챙겨 남산도서관으로 향한다. 해결책이 없는 수학적 계산이 필요할 때, 해결할 탈출구가 없을 때 남산도서관을 찾는다. 학교 도서관도 있고 연구실도 있지만, 마음과 정신을 집중해 숲속에서 길을 찾는 심정으로 집중해야 할 때는 남산도서관으로 간다.

이곳에서 어려운 물리 문제를 많이 풀었다. 그래서 나에게는 세상의 시선으로부터 숨을 수 있는 곳이기도 하고, 숨겨진 산속에서 세상을 바라볼 수 있는 곳이기도 하다. 누구 하나 방해하는 사람 없이 도시와 산의 경계를 거닐 수 있는 곳이 이곳이다. 블랙홀의 경계인 '사상의 경계(event of horizon)'가 바로 이곳이 아닐까 하는 생각을 한다.

남산도서관은 산속에 있지만 멀리 가야만 도달할 수 있는 산속이 아니고, 산속이지만 외롭지 않고 고립되지 않았다. 산 아래 펼쳐진 도시 속에서 따듯함을 찾고, 산의 고독을 찾을 수 있는 곳이 바로 이곳이다. 날이 어두워져 도서관을 나와 서울의 불빛을 바라보며 길을 건너 해방촌 길로 내려오면 서유석의 노래 '그림자'가 이 풍경을 말하고 있는 것처럼 느껴진다.

파리엔 파리를 상징하는 에펠탑이 있다. 파리를 돌아다니다 방향을 잃으면 에펠탑을 찾으면 되듯이 서울엔 남산이 있다. 철골로 만든 인공의 상징이 아니라, 사계절 내내 한 폭의 동양화 같은 풍경을 보여주는 남산. 이렇게 멋진 서울의 상징이 또 있을까?

epilogue

가장 아름다운 남산 풍경을 볼 수 있는 곳은 한남동 매봉산 공원 쪽 중턱이다. 한남동은 하얏트호텔에서부터 한남역을 끼고 있는 한남대교까지로 무척 넓다. 남산에서 한강 쪽으로 보면 남동쪽에 해당한다. 대사관이 모여 있는 언덕길을 오르면 주택가가 나온다. 평지에서 바라보는 남산도 멋지지만 높이에 따라 달리 보이는 남산 또한 멋지다.

이곳의 브랜드 컨설팅 회사 소디움 파트너스 건물 3층에 정일선 대표님 사무실이 있다. 정 대표님 사무실에서는 남산 옆모습이 보인다. 이 높이에서 보면 남산이 정면보다 더 멋지다. 인물 사진으로 치면 '얼짱 각도'라고 할까? 만약 멋진 남산 사진을 찍고 싶다면 이곳을 강력히 추천한다. 정 대표님이 허락해야겠지만. 남산의 풍경 사진은 이 이상 없다고 생각한다. 봄·여름·가을·겨울, 아침·점심·저녁·밤…. 서울에 이런 곳은 없다.

여름에 정 대표님 사무실에 '빠박이' 이민 선배, 유정미 교수와 함께 초대를 받아 꿈 같은 밤을 보냈다. 집에 가기 싫을 정도로. 언젠가 이곳에서 봄·여름·가을·겨울 풍경을 그려보고 싶다. 이 역시 정 대표님이 허락을 해야 가능하겠지만. 만약 겸재 정선이 이 풍경을 봤다면 '인왕제색도'를 뛰어넘는 '남산제색도'가 탄생하지 않을까?

일단 정대표님의 초대를 기다려본다. 겨울, 눈 오는 날.

막걸리 잔

얼마 전, 주말의 복잡한 이태원을 걷다가 외국인이 녹색 막걸리 병을 들고 다니면서 마시는 걸 보았다. 캔맥주나 소주를 들고 다니며 마시는 외국인은 봤지만 막걸리를 마시면서 걸어가는 멀쩡한 백인 청년을 본 것은 처음이다. 그때 '이 친구야말로 한국의 맛을 제대로 느끼는 것이고, 아마 돌아가 한국을 생각할 때면 이태원의 막걸리 맛을 떠올릴 것'이라는 생각을 했다. 내가 그 친구 나이에 아르메니아공화국에서 아무 생각 없이 코냑을 병째 마시다가 평생 반하게 된 것처럼.

막걸리의 계절이 지나가고 있다. 막걸리 시즌은 겨울이다. 늦봄까지도 괜찮다. 그 이상 기온이 올라가면 특별히 신경 써서 보관해야 한다. 막걸리는 내가 생각하는 한국 최고의 술이다. 술은 그 나라 고유의 생명력을 담고 있어야 한다. 술 속에 담긴 미네랄과 공기 중에 떠다니는 박테리아가 술맛을 좌우한다. 향토의 고유한 향미가 술의 깊이를 더하는 건 당연하다. 서울 역시 이런 향미가 담긴 술, 막걸리가 있다. 그 속에 서울에 떠다니는 휘발성 기운이 담겨 있다.

와인을 좋아하지만 국내에서는 잘 마시지 않는다. 그 이유는 산지의 공기가 담긴 와인이 오랜 시간 바다를 건너오면서 신선한 생명력을 잃어 제맛을 유지하기 힘들기 때문이다. 맥주, 정종, 코냑, 테킬라, 위스키 역시 그 나라에서 마셔야 제맛이 나지 않을까 생각한다.

서울엔 막걸리가 있다! 막걸리가 서민의 술인 이유는 물값 정도로 싸기 때문이다. 이보다 더 싼 술은 없다. 그래서 가짜가 없다. 알코

올을 적당히 함유한 막걸리는 신기하게도 모든 안주와 궁합이 잘 맞는다. 삼겹살, 나물, 생선, 두부, 찌개, 전은 물론 김치만 있어도 얼마든지 마실 수 있다. 소주, 정종, 양주, 와인은 알코올 도수에 맞는 안주와 음식이 있다. 하지만 막걸리는 다 잘 어울린다. 또 하나의 장점이자 단점은 배가 부르다는 것이다. 한잔하고 마무리로 된장찌개나 밥을 먹을 필요가 없다. 막걸리처럼 포만감을 주는 술은 없다. 막걸리는 막걸리로 시작해 막걸리로 끝낼 수 있는 술이다.

    막걸리를 생각하면 가장 안타까운 것이 잔이다. 일반적으로 플라스틱이나 양은으로 만든 잔에 준다. 싼 술이기 때문에 싼 것처럼 보이는 잔으로 마시는 것인지 모르지만, 막걸리의 운치와 맛을 고려해 디자인한 잔은 아직 없다.

    왜 이런 멋있는 술을 이런 잔에 마셔야 하는지 고민한 끝에 나만의 조선백자 사발을 가지고 다니기로 했다. 유난을 떨려고 그러는 것이 아니다. 평상시 책상 가까이 놓고 감상하다가 막걸리를 마시러 갈 때만 수건에 싸서 조심스럽게 들고 간다. 맛있게 마시고 다시 수건으로 닦아 제자리에 놓고 감상한다.

이 백자 사발은 10년 전 안동을 여행하면서 3만 원을 주고 구입했다. 입에 조그마한 상처가 있긴 하지만 문제 되지 않았다. 그 부분을 피해 마시면 되니…. 이런 상처가 없었다면 아마 터무니없는 가격을 불렀거나 시골 골동품점에 남아 있지 않았을 것이다. 난 이런 상처가 좋다. 가끔 막걸리를 마시다가 상대방이 '꼰대' 같은 이야기를 하면 상처 난 부분을 손가락으로 깔짝깔짝 만지작거리면서 시간을 보낸다.

조선 초기 사발로 관요官窯에서 굽지는 않았지만, 색과 선이 자신감에 차 있으면서도 겸손한 모습이다. 아마 이 사발을 만든 도공은 현실을 뛰어넘는 사람임이 틀림없다. 이런 물건을 만들 수 있다니…. 추측이지만 내 나이 정도 되지 않았을까 하는 생각이 든다. 사발에 막걸리를 가득 채우면 막걸리에 비취색이 배어나와 하늘의 구름을 담고 있는 형상이 된다.

사발은 두 손으로 감싸 들기에 적합한 크기로 부드러운 곡선을 이루고 있다. 큰 입에 비해 굽이 작아 비례가 불안정한데도 디자인이 안정되어 보이는 이유는 무엇일까? 만약 굽이 이보다 작았거나 컸다면 백자 사발의 조화는 무너지고 말았을 것이다. 하나를 더하거나 뺄 수 없는 완벽한 디자인이란 이런 형태가 아닐까? 마치 깃털 하나를 얹으면 기울어지는 영혼을 가진 날개처럼.

이런 비례 감각을 과학적으로 설명할 수는 없다. 설명하는 순간 규격화한 상품이 된다. 이런 물건은 설명이 가능한 카테고리를 뛰어넘는 곳에 존재하는 것이다. 그래서 전문가든 보통 사람이든 사발을 보는 사람마다 각자 다르게 해석할 수 있다. 마치 열린 우주의 창과 같은 형태로 사유의 이야기는 끝을 낼 수 없다.

백자 사발에 찬 막걸리가 채워지면 서서히 온도가 밖으로 전달된다. 그래서 두 손으로 감싸 잡아도 체온이 막걸리에 전해지지 않는다. 사발의 재료는 유리보다 열전도율이 다섯 배 정도 낮다. 그래서 서서히 찬 기운이 전달된다. 두 손으로 감싸 잡은 막걸리 잔의 온도가 편안하게 다가온다. 막걸리에는 도자기 잔 이상 어울리는 것이 없는 것 같다.

막걸리는 와인과 같이 살아 있는 생명체를 담고 있다. 막 출고된 막걸리는 맛이 거칠고 드라이하기 때문에 약 1℃의 냉장고에서 숙성시켜야 한다. 내 경험으로는 3일째가 제일이다. 와인을 2~3년 정도 숙성시켜 가장 건강할 때 마시는 것과 같다. 막걸리는 이보다 더 숙성시키면 원숙한 맛이 나지만, 시간이 지날수록 신선한 맛이 떨어진다.

숙성 온도는 1℃ 정도가 가장 적당하다. 이는 막걸리가 얼기 직전의 온도다. 이 온도의 비밀을 가르쳐준 곳은 광화문 근처 피맛골의 열차집이다. 아버님이 자주 들르시던 곳이니 60년 전에 생긴 집이다. 이 막걸리집은 언성을 높이지 않고, 작은 테이블에 얼굴을 마주 대고 빈대떡과 어리굴젓으로 막걸리 한 사발 마신 후 양파와 청양고추로

입가심하고 자리를 뜨는 열차 같은 분위기였다. 지금은 피맛골도 사라지고 열차집도 자리를 옮겼다. 건물이 헐려 그 근처 건물로 들어갔다고 하는데, 이제 가보고 싶은 생각은 들지 않는다.

　당시 피맛골을 없애고 빌딩을 올리는 데 많은 반대 의견을 서울시에 냈지만 아무런 반응 없이 헐어버렸다. 우리는 멋진 근대사를 쉽게 버리고 어렵게 다시 찾는 역사를 반복한다. 그것도 서울의 문화를 책임지는 서울시가 이 일을 주도하고 있다. 있을 때 시선조차 주지 않다가 없어지면 마치 잃어버린 것처럼 호들갑 떨기를 반복한다.

　세월에 따라 형체가 있는 모든 것은 사라진다. 우리 생명도 예외가 아니다. 사라지는 것을 물리적으로 막을 수는 없다. 하지만 서울의 자랑인 막걸리를 서울에서 멋지게 마실 만한 한두 곳은 지킬 수 있을 때까지 보존하는 것도 나쁘지 않다. 서울이 아직 막걸리를 사랑하고 포용하기엔 먼 것 같은 생각이 든다.

epilogue

2012년에 출간한 책 《꼴라쥬 파리》에 포도주에 대한 이야기를 쓰고 다음과 같은 에필로그를 썼다.
"길을 걸어가다가 막걸리 박스가 가게 밖 길거리에 방치되어 있으면 가슴이 아프다. 음식점에서 막걸리 박스를 한쪽 벽에 그냥 쌓아놓고 있는 걸 봐도 가슴이 아프다. 와인은 냉장고에 보관하고 막걸리는 싸니까 방치해도 된다는 생각은 지극히 잘못된 생각이다. 나는 이 점이 시정되어야 한다고 생각한다. 운반할 때도 트

럭 짐짝처럼 배달되는 막걸리, 장수막걸리 사장님이 제발 막걸리 유통에 신경을 써줬으면 좋겠다. 필요하다면 법으로 정해야 한다. 운반도 냉장 트럭으로 하고, 음식점에 막걸리 전용 냉장고를 보급해 막걸리의 신선도에 신경 써줬으면 한다. 지금의 유통, 보관 시스템으로는 절대 와인처럼 세계적인 술이 될 수 없다."
책을 내고 연극인 손숙 씨와 가수 한대수 씨가 진행하는 라디오 프로그램에 책을 소개하러 갔다. 한 시간 예정된 방송 시간이 금방 지나가고 얼마 남지 않았을 때 이 부분을 시청자에게 꼭 읽어주어야 한다고 손숙 씨가 빠르게 낭독하던 모습이 눈에 선하다. 그 효과가 있었는지 한여름에도 뚜껑 없이 서울시를 돌아다니던 1톤짜리 막걸리 배달 트럭에 기적처럼 뚜껑이 생겼다. 항상 고맙게 생각하는 풍경 중 하나다.
6년이 지난 지금 뚜껑 달린 트럭으로 막걸리가 배달되고, 냉장고 없이 플라스틱 박스에 담긴 채 팔던 막걸리를 소주와 맥주 냉장고에 보관하고 있긴 하다. 하지만 플라스틱 잔, 양은 잔은 달라지지 않았다. 얼마를 기다려야 멋진 잔에 막걸리를 즐길 수 있을까? 그때까지 이 백자 사발을 들고 다니면서 즐기는 수밖에….

빗
자
루

예전, 그러니까 한 40년 전쯤일까? 시골 외갓집 마당에는 기다란 빗자루가 있었다. 이 마당비는 외가 집안 어른의 아침 운동기구 같은 존재로, 활기찬 하루의 시작과 함께 깨끗한 마당을 책임졌다. 이른 아침 빗자루를 들고 바닥을 쓰는 행위는 아침이라는 시간적 의미도 있지만, 한때는 '새마을'로 상징되는 근대적 의미를 지니기도 했다.

내 중·고등학교 시절에도 대나무 빗자루가 있었다. 월요일 아침이면 빗자루를 들고 일렬로 줄을 맞춰 운동장 끝에서 끝까지 마른 흙먼지를 내며 쓸었다. 이런 의식을 위해 학교 뒤편엔 빗자루를 보관하는 번듯한 창고가 마련돼 있었다. 까만 교복을 입고 흙먼지 날리는 운동장을 쓰는 것이 교육적으로 어떤 효과가 있는지 모를 일이었지만, 당시는 대나무 빗자루가 중·고등학교 생활에서 중요한 소도구였다. 빗자루와의 관계는 군대로 이어졌다. 3년 동안 가을이 되면 소총 대신 빗자루와 함께했다.

이제 서울 시내에서 빗자루로 길을 쓰는 사람은 흔히 볼 수 없다. 깔끔하게 포장되고 곳곳에 휴지통이 마련돼 거리가 깨끗해진 이유도 있겠지만, 빗자루는 이제 서울에서 사라져가는 미미한 존재가 되어버렸다. 로봇 청소기에 밀려난 방비 역시 마찬가지 아닐까?

비의 옛말은 '뷔'다. 간결하다. 시간이 지나면서 빗자루는 명아줏과의 한해살이풀을 일컫는 댑싸리라고 불리기도 하고, 지역 사투리에 따라 전라도에서는 '비짜락', 경상도에서는 '비짜리', 전남 영암에서는

'비찌락'으로 불렸다. 또 지방에 따라 만드는 모양과 재료가 다양했다. 짚, 띠, 싸리, 수수, 소나무 뿌리털, 동물 꼬리털, 칡의 청올치 등 주변에서 흔히 구할 수 있는 재료로 만들어 썼다. 용도에 따라서는 방을 쓰는 방비, 마루를 쓰는 마루비, 마당을 쓰는 마당비, 부뚜막을 쓸어내는 부엌비가 있었다.

 이 중에서 방비는 억새처럼 가장 부드러운 재료로 만들었다. 그리고 목 부분을 청홍 색실로 묶거나 왕골 끈으로 돌려 묶었다. 이 묶은 마디가 '그립감'을 좋게 했다. 묶는 기술과 모양에 따라 부드러운 부챗살 모양의 빗자루가 만들어졌다. 만드는 사람의 재주에 따라 달라지는 부챗살 모양이 빗자루의 생명이다.

 내가 소장하고 있는 방비는 남해안 바닷가 갈대로 만든 것이다. 남해 친척 집에 놀러 가 얻어왔다. 이것을 만든 할아버지는 돌아가신 지 벌써 30년이 되었다. 때에 전 손잡이, 오랜 빗질로 형태가 변한 것을 보면 두 세대 전에 만든 것으로 짐작한다. 비의 목 부분은 명주실을 두 번 꼬아 묶은 다음 앞쪽은 붉은색, 뒤쪽은 옥색 비단으로 감쌌다. 지금은 이 부분이 다 닳았는데, 그 자체로 오랜 시간을 입증한다. 단조로운 한옥 벽에 걸려 있었을 방비의 모습이 그려진다. 원색 비단으로 목을 장식한 방비 하나가….

 이 방비의 손잡이는 박달나무를 깎아 고정했다. 빗자루 재료의 줄기를 중간중간 실로 묶어 손잡이를 만드는 것이 일반적이고 간편한

방법이지만, 이것은 나무로 손잡이를 따로 만들었다. 두툼하지도 않고 홀쭉하지도 않은 적당한 두께로. 빗자루에 힘이 가해지는 물리법칙은 '관성모멘트 법칙'이다. 관성모멘트는 빗자루 길이와 손잡이 위치에 의해 정해진다. 손잡이를 길게 잡을수록 같은 힘으로도 손쉽게 쓸 수 있다. 서서 비질하는 서양 빗자루의 손잡이는 대부분 길다. 하지만 좌식 생활을 하는 한옥에서는 빗자루를 길게 만들 수 없어 공학적으로 적당한 길이가 필요하다. 길면 허리를 펴야 하고, 짧으면 숙여야 하니까. 이 방비를 만든 할아버지가 정한 손잡이 길이는 관성모멘트 법칙에서 찾은 최적의 길이가 아니었을까?

미국에서 온 설치미술가가 연구실에 걸어놓은 이 빗자루를 보고 한동안 말을 잇지 못하던 모습이 눈에 선하다. 자신에게 팔라고 몇 번이나 사정하던 기억 또한 새롭다. 이 빗자루는 공예품을 넘어 예술의 경지에 이른 작품이다. 그 설치미술가는 빗자루에서 자연과 인간이 만들어낼 수 있는 최고의 접점을 봤을 것이다.

직선이 만들어내는 편견을 완벽히 배제한 곡선, 빗자루의 두께감이 만든 깊이, 끝없는 비질에도 처음 형태를 고스란히 간직하게 만든 부챗살의 매듭…. 나무 손잡이 역시 굴곡지게 만들어 딱딱해 보이는 나무 성질을 갈대의 부드러움에 맞췄다. 무심히 툭 자른 나무여도 되는데, 시간을 들여 나무와 갈대가 자연스럽게 이어지도록 만들었다. 마치 처음부터 한 몸인 것처럼.

이 방비를 바라보고 있으면 행복해진다. 100년 이상 시대를 초월해 산 사람처럼 향수에 빠진다. 몇 세대를 뛰어넘어 느리고 더딘 삶을 살던 시대, 그리고 바닷가 마을에서 바닷바람을 맞고 힘을 뺀 갈대…. 척박함 속에 하루하루 살았을 바닷가 마을의 방에 걸려 있던 방비 하나.

정신없이 일하다가 고개 들어 이 방비를 보면 이것이 걸려 있었을 할아버지 방으로, 바닷가 마을로, 갈대숲으로, 나룻배로 평행이동을 한다. 순간적으로 또 다른 우주로 이동한다. 바라보는 것만으로 현실을 벗어나는 방법은 물리적으로 불가능하다. 어떻게 이 현실을 벗어날 수 있을까? 그것도 순간적으로. 내가 이런 물건을 가까이하는 이유다.

할아버지가 살던 집 한편에 버려지다시피 한 또 하나의 빗자루를 가져와 연구실 구석에 걸어놓았다. 손잡이를 보호하기 위해 노란 비닐 끈, 녹색 끈, 까만 비닐 테이프로 무질서하게 묶은 수수 빗자루 역시 재미나다. 이런 물건은 처음엔 쓰레기처럼 보이지만, 오랫동안 보고 있으면 정감이 간다. 이렇게 형태가 변형되기까지 빗자루가 거친 시간의 흐름이 멋지다.

애처롭기보다 당당해 보여서 좋다. 시골 생활에서 건강을 유지한 이의 낙천적인 모습이 보인다. 거친 바닷바람, 태풍, 파도, 뜨거운 태양, 혹독한 겨울바람, 가난 등에 맞서지 않고 "뭐, 그렇지 뭐"라며 넘긴 세월이 보인다. 이런 이야기가 빗자루의 수수 마디마디에 담겨 내 마음을 사로잡는다.

섬을 산책하다가 마당 쓰는 할아버지를 만났다. 집 뒤에서 자라는 대나무로 해마다 빗자루를 만든다고 하셨다. 애정을 보이는 나에게 선뜻 빗자루 하나를 주셨다.

"나야 뭐 또 만들면 되지!"

이 빗자루 역시 나의 애장품이 되었다. 서울에서는 쓸 만한 장소도 없는 나에게.

아르메니아공화국에 가면 수도 예레반에서 멀리 떨어진 곳의 연구원 집에 종종 초대받곤 한다. 아르메니아의 시골은 나에게 보고와 같다. 그곳 사람들의 생활과 도구를 관찰하는 것만으로도 행복하다. 호기심에 찬 눈으로 바라보는 나를 그들은 더 큰 호기심으로 바라보지만.

그들은 항상 맛있는 음식과 술로 융숭하게 대접한다. 특히 집에서 담근 포도주와 보드카는 일품이다. 술에 취해 알딸딸한 기분으로 집을 나서다 빗자루를 발견했다. 마당 한편에 싸리나무가 심어져 있었다. 주인의 아침을 책임지고 있는 싸리 빗자루.

"나야 뭐 또 만들면 되지!"

그 말과 함께 빗자루를 얻었다. 하나 더해 두 개를. 빗자루를 정성스럽게 싸서 아르메니아 공항에서 짐을 부쳤다. 공항 직원이 검은 봉투로 싼 괴상한 물건을 보고 무엇인지 물었다. "빗자루!"라고 대답하자 웃음인지 비웃음인지 "픕" 하는 반응이 튀어나왔다.

서울에서 이 빗자루를 운동시키려면 마당이 필요한데, 창성동 실험실 뒷마당 10평 중 반은 텃밭이고 나머지 5평 중 2평은 까치·호랑이 석상이 차지하고 있다. 그나마 남은 3평을 쓰기 위한 용도로 이 빗자루는 너무 큰 감이 있다. 방비로 사용하기도 그렇고···. 뒷집에 있는 10m 높이의 거대한 나무에서 떨어질 낙엽을 바라보면서 고심이 깊어진다.

epilogue

내 마당은 책상이다. 그 마당에서 공부하고, 책도 보고, 논문도 쓰고, 전화도 하고, 가끔 김밥도 먹고, 컵라면도 먹고, 감도 먹고, 새우깡도 먹고, 귤도 까 먹는다. 글도 쓰고 그림도 그리고…. 맞다. 나에게는 책상이 노는 마당이다.

책상에서 연필로 그림 그리고 레터링 펜으로 다시 그린 다음 지우개로 지운다. 잘 지우지 않으면 연필 선이 남아 다음 작업을 하기가 어려워진다. 한동안 최적의 지우개를 찾느라 전 세계 제품을 다 사서 써본 적이 있다. 그래도 완벽한 지우개를 찾지 못하고 있다가 하루는 《오무라이스 잼잼》 조경규 작가와 점심으로 짬뽕을 먹으면서 '지우개 고충'을 이야기했다.

"소프트 점보 지우개를 써보세요."

이후 새로운 세상을 만난 듯 작업이 수월해졌다. 한 번만 지나가도 연필 선이 사라진다. 'Made in Korea'. 1950년 전쟁 통에 세운 회사 '주식회사 화랑고무'. 이런 지우개를 대한민국에서 만들다니, 최고의 지우개다. 얼마 전 환경호르몬에 무방비로 노출된 제품이라고 기사화되면서 엄마들 사이에 난리였다지만, 살아온 날 보다 살아갈 날이 짧은 나에겐 지우개 스트레스를 받는 것보다는 이 지우개가 필요하다.

지우개로 연필 선을 지우고 나면 '지우개 똥'을 치워야 한다. 말끔히 치우려면 빗자루가 필요하다. 플라스틱 빗자루는 정전기가 일어서 안 된다. 서로 달라붙는다. 이 물리법칙이 '쿨롱의 법칙'이다.

내가 애용하는 책상 빗자루는 두 개다. 큰 빗자루는 마당비 역할을 하고, 작은 비는 방비 역할을 한다. 세상이 좁아지고 있다. 밀리미터 세계에서 마이크로 세계로, 그리고 현재의 나노 세계로 옮겨온 것처럼.

홍시냐 곶감이냐, 단감이냐 땡감이냐

학교 후문 근처를 산책하다 가로수로 심은 감나무 몇 그루를 발견했다. 주황빛 감이 녹색 잎에 가려져 하늘에 매달려 있었다. 나약한 감은 보도블록 위에 떨어져 여기저기 나뒹굴고 있었다. 지나가는 사람 누구도 감나무의 존재를 모르는 듯했다. 감나무에 관심이 없는 건지, 아니면 가로수에 관심이 없는 건지.

한때 유실수를 가로수로 심자는 운동이 일었다. "종로에는 사과나무를 심어보자. 그 길에서 꿈을 꾸며 걸어가리라. 을지로에는 감나무를 심어보자. 감이 익을 무렵 사랑도 익어가리라. (중략) 아름다운 서울을 사랑하리라." 1982년 가수 이용의 데뷔 앨범에 실린 '서울'이라는 노래다. 이 노래의 영향이었는지 모르지만 서울의 가로수로 유실수를 심었다. 하지만 하루가 다르게 도로를 넓히는 과정에서 이리저리 옮겨 심다가 결국 사라지고 말았다. 아마도 살아 있는 생명체로서 관리하는 가로수가 아니라, 보도블록 같은 존재가 아니었을까?

감나무는 내 어린 시절을 대표하는 나무다. 집 뒤뜰, 항아리를 모아놓은 우물가에 감나무가 있었다. 가을에 잎이 떨어지기 시작하면 감을 따곤 했다. 땅에 떨어진 떫은 땡감은 항아리에 넣어 홍시를 만들었고, 껍질이 두껍고 아직 색이 푸른 감은 깎아서 그늘에 매달아 곶감을 만들었다. 떫은 감이 시간이 지나면서 다디단 곶감이 되는 화학적 변화가 신기할 따름이었다. 감에 시설(柿雪, 곶감 표면에 있는 하얀 가루로 당분이 농축된 것)이 덮이면 눈 내리는 겨울이 오고 달콤한 곶감

이 되었다.

　　서촌 한옥으로 이사 오면서 어린 대봉 감나무를 심었다. 1년이 지나자 어른 키 높이에서 감이 열리기 시작했다. 채 익지 않은 감을 따 껍질을 깎은 후 뒤뜰 툇마루에서 말렸다. 겨울날, 두툼한 과육의 곶감을 도마 위에 놓고 잘라 먹으면 다디단 육포를 먹는 듯했다. 하나만 먹어도 배가 불렀다. 화이트 와인과 함께 먹으면 겨울 최고의 맛이었다.

　　곶감 만드는 데 재미를 붙여 다음 해에는 감나무에 거름도 듬뿍 주고 애정을 쏟았더니 감나무 키가 내 키를 벗어났다. 감도 많이 열렸다. 내 키 높이의 감은 따서 홍시를 만들었다. 사다리를 타고 올라가야 딸 수 있는 높이에 달린 감은 그대로 두었다.

　　감은 그저 말랑말랑해졌다고 해서 달콤한 홍시가 되지 않는다. 떨떠름한 기운이 당분에 의해 화학적 변화를 일으키는 데는 시간이 필요하다. 단, 공업용 카바이드에서 나오는 아세틸렌가스를 이용하면 문제는 달라진다. 아세틸렌가스가 식물을 숙성시키는 역할을 해 떫은 감이 홍시로 빨리 변한다. 이런 강제적 숙성을 피하는 방법은 '기다림' 밖에 없다. 겨울이 오기를, 눈이 내리기를….

그해 겨울, 한옥에 새들이 몰려들었다. 참새는 물론 경복궁에 사는 새들까지 우리 마당 감나무 위에 달린 감을 먹으러 오곤 했다. 높이 달린 감은 새들 몫, 키 높이의 감은 내 몫이라는 새로운 규칙이 생겼다. 올해는 감나무 키가 더 커졌다. 연약한 가지를 감당하기 힘들 정도로 감이 달리기 시작했다.

새들은 익지 않은 감은 먹지 않는다. 다디단 홍시가 되어야 먹는다. 감나무에 의지하는 겨울새를 통해 안 사실이다. 나 역시 그때를 기다리고 있다.

감은 동아시아 과일이다. 한국, 일본, 중국의 과일이기도 하다. 5~6세기 이후 중국 중북부에서 재배한 기록이 있다. 이 기록이 최고最古다. 8세기 중국에서 일본으로 감이 전해졌다. 우리나라는 고려 원종 때《농상집요》에 감에 대한 기록이 있다. 우리의 재래종 감은 떫은 종류였다. 이 감으로 홍시와 곶감을 만들어 먹었다. 단감은 일본에서 온 것이다.

감은 프랑스어로 '카키kaki'다. 파리지앵이 감을 먹기 시작한 것은 그리 오래되지 않았다. 프랑스에 감이 처음 들어온 것은 1775~1776년, 식물학자들이 일본 여행 후 감나무를 가지고 오면서부터다. 감을 카키라고 부르는 이유다(일본어로 감이 '카키かき'다).

프랑스인 중에서도 파리 사람이 감이라는 과일을 알게 된 것은 불과 5~6년 전 일이다. 원래 파리에서는 겨울에 주로 사과나 서양배

를 먹었다. 그러다가 단조롭게 배와 사과만 팔던 대형 슈퍼마켓에서 이국적 과일을 선보였는데, 처음에는 아프리카 열대 과일인 파인애플과 망고 등이 주를 이루었다. 이후 자연스럽게 동양의 감이 등장했다.

파리에서 주로 먹는 감은 커다란 대왕감이다. 홍시처럼 익혀 먹는 감은 없다. 미각이 발달했다는 프랑스 사람은 부드러운 홍시를 보면 상한 것으로 생각한다. 아직 감 맛을 제대로 모른다는 의미다. 10월, 가을비가 내리면 파리에 감이 들어오기 시작한다. 이때 감을 사서 시원한 곳에 놓아두었다가 12월이나 1월에 먹는다. 한두 달 지나면 홍시가 되어 스푼으로 먹기 딱 좋다. 파리 사람은 상한 것으로 여기는 홍시 먹는 모습을 보면 기겁하겠지만, 겨울날 파리에서 먹는 홍시는 별미 중 별미다.

늦가을 아르메니아공화국에 가면 나는 전통시장을 찾는다. 그곳에서는 사과, 배, 토마토, 살구, 체리, 무화과 등 여름 내내 말린 과일을 쌓아놓고 판다. 건조한 날씨, 코카서스 산자락의 맑은 공기와 강렬한 햇빛에 말린 당도 높은 여름 과일은 아르메니아 사람이 혹독한 겨울을 나게 하는 비타민 같은 존재다. 과육에 형성된 과당이 마치 설탕 결정이 박혀 있는 것처럼 느껴진다.

작년 겨울, 아르메니아 전통시장에 말린 과일을 사러 갔다가 곶감을 발견했다. 기막힌 당도와 쫄깃한 과육이 한국에서 먹던 곶감 이상이었다. 어떻게 곶감이 아르메니아 시장까지 왔을까? 이란과 국경을 마주한 곳에서 만든 곶감은 시설이 눈처럼 감싸고 있었다. 여행하는 감나무, 여행하는 곶감. 세상은 서서히 움직이고 있다.

10월이 되자 서울에 감이 나오기 시작했다. 슈퍼마켓에서 비닐봉지에 담은 감을 싸게 팔고 있다. 어떻게 만들었는지 모르지만 주황빛 연시도 보인다. 서울의 슈퍼마켓에 감이 나오기 시작하면 가을이 깊어진다는 신호다. 감이 사라지면서 가을이 지나가고 서서히 겨울이 올 것이다.

epilogue

내가 서울에서 좋아하는 산책 코스는 지하철 버티고개역에서 내려 성곽을 끼고 걷다가 산 아래로 내려와 신당동 떡볶이집까지 걷는 길이다. 이 코스는 오르막과 내리막, 골목길, 산 아래 동네의 혼잡함, 그리고 서울의 동녘을 바라볼 수 있어 참 좋다. 아침이면 아침, 정오면 정오, 해 질 녘이면 해 질 녘 모두 매력적이다. "서울에 이런 곳이 있다니" 감탄하며 산책을 마치고 신당동 떡볶이에 소주 한잔 하면 서울에 산다는 사실에 마음이 행복해진다.

다시 집으로 가기 위해 신당동 골목길을 걷는데, 길가 담장에 노란 모과가 주렁주렁 열려 있다. 모과의 노란빛이 어슴푸레한 밤하늘에 빛을 발하는데, 마치 동화 같다. 모과나무가 이 정도로 자라려면 몇 세대가 흐르지 않았을까 생각한다. 그런데 모과가 어떻게 담장 밖으로 나온 것일까? 도시계획에 휩쓸려 집 안마당에 있던 모과나무가 길가로 쫓겨난 것은 아닌지…. 한동안 모과나무를 보면서 술기운을 달랬다.

나무는 가족과 같다. 함께 바라보며 사는 존재다. 열매를 맺으면 나눠 먹고, 술을 담그고, 곶감 같은 먹거리를 만든다. 낙엽이 떨어지면 낙엽을 쓸고, 나뭇가지에 눈이 쌓이면 겨울을 느끼고, 여름이면 그늘 아래서 밤을 보낸다. 고레에다 히로카즈 감독의 〈바닷마을 다이어리〉에 나오는 집 마당의 매실나무가 그런 존재가 아닐까?

올해는 창성동 한옥에 심은 감나무에 달린 감으로 하얀 시설이 완전히 덮인 곶감을 만들어야겠다. 한겨울 눈 내리는 날 밤을 위해.

서울의 1960년대 엽차잔

이 1960년대 팔각 도자기 잔은 내 컬렉션 중 힘이 '센' 물건이다. 지구상 모든 물체에는 지구 중심에서 끌어당기는 힘이 작용한다. 이러한 힘을 중력이라고 한다. 그리고 중력이 작용하는 지구 주위의 공간을 중력장이라고 한다. 무게 200g의 이 도자기 잔이 만들어내는 중력장은 어떤 모양일까?

팔각의 잔 표면에는 직사각형 면이 있고, 그 위에 진한 갈색 점들이 오른쪽에서 왼쪽으로 지나간다. 시작을 명확하게 알리는 유약 칠한 붓 선이 왼쪽으로 갈수록 흐려진다. 속도감 있는 흔적을 남기면서. 붓질은 반복되고 있다. 한 번, 두 번, 세 번. 간격은 조금씩 다르다. 시작도 다르다. 같을 필요도 없다. 미묘한 규칙만 존재할 뿐.

유약을 찍어 팔각의 한 면에 묻혀나간다고 할까. 방식이라고 하기엔 무심하다. 붓 끝의 유약이 다른 면으로 옮겨가기 전까지 점은 그저 수평선을 그린다. 점에서 선으로, 다시 시작점으로 돌아가 기록된 선의 흔적은 공간을 칠한다기보다는 공간 속에 시간을 기록하는 듯하다. 그것도 무심하게.

단지 옆으로 눕혀놓았을 뿐인데 새로운 세계가 펼쳐진다. 다른 우주다. 이번에는 흰색 유약 기둥이 흐르고 있다. 무딘 붓 끝이 위에서 아래로. 아래로 내려오는 붓질은 위로 오르는 것처럼 보이기도 한다. 착각일까? 아래로 갈수록 점점 빠지는 선은 중력을 거스르고 있다. 의도한 것일까? 아마도 무심하게 수없이 반복해서 그린 이 사람도 모르지 않았을까?

　　　　이 잔을 만든 도자기 공장 직공은 붓 자국을 통해 무슨 이야기를 하려고 했을까? 붓 자국의 흐름을 통해 끝없이 생성하고 소멸하는 우주의 법칙을 전하려 했을까? 아니면 하루하루 반복되는 자신의 고단한 삶과 숙명을 토해냈을까? 그가 반복적으로 만들어낸 선을 속세의 눈으로만 바라보기엔 이 잔은 너무 예술적이다. 면에서 선으로, 생성과 소멸 속 여백의 공간에 자리한 비움과 채움이 매우 깊은 힘으로 느껴진다. 이런 추상을 1960년대 엽차 잔에 그림으로 표현한 직공은 분명 앞서간 예술가임이 틀림없다.

　　　　이런 형태의 도자기 엽차 잔은 우리의 일상이었다. 도자기 엽차 잔은 플라스틱 멜라민 컵으로, 이제는 스테인리스 컵으로 바뀌었다. 우린 도자기 문화를 버린 것일까? 아니면 새로운 것을 너무 빨리 받아들인 것일까?

　　　　내 연구실 학생들에게 강조하는 몇 가지 규칙이 있다. 그중 하나가 일회용 종이컵이나 플라스틱 컵을 사용하지 말자는 것이다. 그래서 연구실에 돌아다니는 컵은 모두 도자기 컵이다. 언제부터인지 모르겠지만 다른 사무실에 가면 으레 종이컵에 녹차나 커피를 내온다. 마치 정해진 규칙처럼. 청자와 백자의 맥을 이어온 우리 전통이 불과 몇십 년 만에 종이컵과 플라스틱 컵으로 바뀐 이유는 무엇일까?

　　　　도자기의 매력은 무게감과 감촉이다. 그리고 형태와 색감, 두 손

에 쥐여지는 안정감도 매력이다. 머그잔의 획일적이고 기계적인 감각은 이질적이다. 머그잔의 크기가 우리와 맞는지도 모르겠다. 언제부터 이렇게 많은 양의 음료를 마시게 되었는지 모르겠다.

점심시간이 지나면 일회용 종이컵이나 플라스틱 컵에 종이띠를 두른 음료를 들고 회사로 들어가는 사람이 거리를 메운다. 새 정부 출범 초, 대통령과 참모들이 청와대에서 테이크아웃 커피 잔을 들고 산책하며 담소하는 사진을 탈권위의 이미지로 보여줬다. 이 장면은 플라스틱처럼 가볍다. 일회용 물건을 없애고 환경을 생각해야 할 시점에 청와대에서 뒤늦게 머그잔 사용을 독려한다고 한다. 독려한다고 일회용 종이컵과 플라스틱 컵 사용을 자제할 수 있을까? 텀블러를 들고 다니는 대통령, 텀블러를 들고 지하철을 타고 다니는 서울시장. 지도자의 한발 앞선 모습에서 세상은 좋은 방향으로 조금 더 빨리 바뀌지 않을까.

epilogue

얼마 전 강연을 하러 갔더니 기념품을 선물로 주었다. 블루투스 이어폰이었다. 그 많은 사람에게 최첨단 블루투스 이어폰을 선물로 주다니. 유선 이어폰을 잘 쓰고 있는데…. 사람들은 새로운 블루투스 이어폰 시스템으로 바꿀까?

서울에 정착한 지 거의 20년이 되어간다. 20년 동안 많은 것이 바뀌었는데, 기념품도 예외는 아니다. 순서를 기억해보면, 처음엔 수건을 많이 받았다. 그다음엔 중국제 우산이더니, 다음엔 작은 배낭으로 바뀌었다. 그 무렵부터 등산 붐이 일었다. 그다음엔 쿠션처럼 접을 수 있는 담요를, 또 그다음엔 투명한 플라스틱 텀블러를 받았다. 아이폰이 나오자 샤오미 휴대폰 충전 배터리를 받았고, 얼마 지나지 않아 스테인리스 텀블러를 받았다.

집과 학교 연구실의 눈에 보이는 곳마다 텀블러가 있다. 내 연구실에도 쓰지 않는 기념품 텀블러가 몇 개 있다. 학교에서 드립 커피를 마시는 나로서는 텀블러는 정물이나 마찬가지다.

60년 후 이 텀블러들은 과연 어떤 모습일지 궁금해진다.

양
말
꿰
매
기

　나는 군대에서 바느질하는 맛을 배웠다. 실과 바늘로 뭔가 '꼬매질'(바느질의 강원도 방언)하는 게 좋았다. 내무반 텔레비전 앞에 몰려 있는 동료들을 등지고 바느질하는 시간은 평화의 시간이었다. 정확히 무엇을 꿰맸는지 기억이 가물가물하다. 벌써 30년 전 일이니. 계급이 바뀌면 계급장을, 군대에서 보급한 까만 양말이나 터진 내복 등을 꿰맸을 것이다. 정확히 기억하는 것은, 의무병으로 근무해서 의무실의 면으로 만든 수술포가 터지면 제일 가는 실로 꼼꼼히 수선한 기억이다.

　지금도 바느질하는 것이 좋다. 뾰족한 바늘 하나로 뭔가를 만들어낸다는 것이 물리적으로 흥미롭다. 실 또한 멋진 존재다. 바늘을 충실히 따라가는 실이 있어 이게 가능하니까. 바느질은 2차원의 천을 형체가 있는 3차원의 물체로 만드는 가장 간단한 방법이 아닌가. 아마도 바늘이 인간의 진화에서 가장 앞선 물건이 아닐까 생각한다.

　충주 근방의 시골을 돌아다니며 금과 은을 사서 서울 종로3가 금은방에 파는 친한 보부상이 있다. 보부상은 골동업계에서는 '나카마'라고 부른다. 예전에는 1톤 트럭을 몰고 시골 오지를 다니며 오래된 물건을 수집해 골동품점에 넘기는 일을 했다. 하지만 오래된 물건이 계속 나올 수 없는 일. 벌이가 시원치 않자 시골을 돌아다니며 금과 은을 사서 되파는 일로 업종을 바꿨다. 그 보부상은 금과 은을 팔러 서울에 오면 "교수님, 시간이 안 되시겠지만 커피나 한잔하시지유~"라며 연락을 하곤 한다.

"시골 돌아다니다 이 양말 보고 교수님 생각이 나서 그분께 잘 말씀드리고 가져왔어유. 장롱에 고이 모셔져 있던 물건인데…" 보부상이 양말 두 켤레를 내보였다.

기름기는 다 빠진 목 늘어난 양말. 양말의 가장 중요한 기능을 유지하기 위해 덧댄 천 조각이 예술이다. 어느 누구도 흉내 낼 수 없는 색 배합 역시 아름다운 추상 작품을 보는 것 같다. 발바닥 앞쪽과 뒤꿈치에 덧댄 천 조각에서 바느질한 이의 마음이 보인다. 마음을 잡고 시작한 '꼬매질'이다. 그런데 양말 한쪽을 수선하고 다른 한쪽을 마저 해야 하는데 밤이 늦은 것일까? 아니면 실이 부족했을까? 나머지 한쪽은 바느질 자국이 급하게 지나갔다. 비대칭적인 시간의 상황. 인간은 이렇게 시간에 의해 마음이 급해지기도 하고 변하기도 한다. 그래도 양말을 꿰맨 이 사람은 정해진 시간과 실로 자신만의 작품을 완성하지 않았을까?

이 하얀 양말의 주인은 누구였을까? 발바닥 앞쪽과 뒤꿈치에 덧댄 무명천의 모

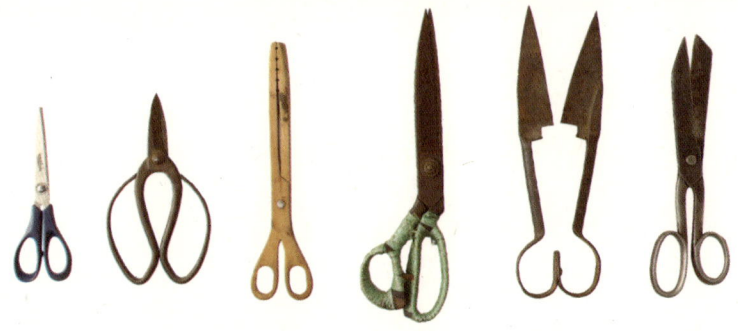

양새와 바느질 솜씨가 예사롭지 않다. 꿰맨 자국을 남기지 않을 정도로 정성 들인 이유는 무엇 때문이었을까? 최고의 존경이나 존중이 아니었을까?

뒤쪽에도 비슷한 질감의 천과 실로 덧댄 부분이 있다. 둥근 모양이 아니라 사각으로. 왜 이렇게 했을까? 보이는 부분에 대한 배려가 아니었을까? 신발 위로 드러나는 부분이니 아무렇게나 할 수 없는 일 아닌가. 이런 아름다운 배려는 단지 생각에 의해서 나오지 않는다. 몸에 배지 않으면 안 되는 일이다. 바느질한 이는 어떤 사람이었을까? 새 구두 뒤축에 닳아 구멍 난 양말이 표가 날까 싶어 조심스레 방향을 90도 틀고, 같은 천이 없으니 비슷한 천을 골라 바느질했다. 덧댄 천 조각을 같은 방향으로 덧붙였다면 분명 힘을 받을 수 없었을 것이다. 90도로 교차한 천이 만들어내는 물리적 힘을 생각한 점이 범상치 않다. 이렇게 작은 부분까지 섬세하게 대처할 수 있는 이는 도대체 어떤 사람이었을까? 양산 쓰고 백구두에 꿰맨 양말 신고 마실 가는 노부부의 모습이 그려진다. 나는 조용히 그 뒤를 따른다.

epilogue

바느질은 스트레스를 해소하는 데 최고다. 한 땀 한 땀 꿰매다 보면 바늘 끝에 몰입하느라 시간 가는 줄 모른다. 마음도 차분해진다. 무엇보다도 손으로 뭔가 할 수 있다는 것이 좋다. 두 딸, 채린과 하린의 생일에 바느질해서 만든 인형을 선물로 주었다.

내가 만든 도자기 인형을 토대로 헝겊으로 만든 것이다. 쿠션으로 사용할 수 있도록 좀 더 크게 만들 걸 하는 아쉬움이 남지만, 선물이니 바느질하는 동안 내가 행복했고 또 딸들은 받아서 행복했으니 된 것 아닌가 하는 생각으로 위안하고 있다.

얼마 전 딸아이 집에 갔다가 고양이가 이 인형을 옆에 놓고 잠든 모습을 보았다. 사진을 찍기 위해 슬쩍 빼왔는데 이제 다시 가져다 놓아야겠다.

뭔가는 가는 도구

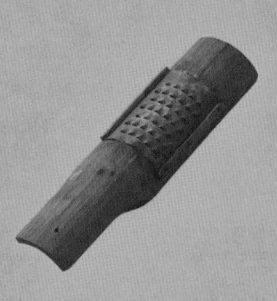

어려운 시절에 만든 물건이 더 세련되고, 그것에서 상상을 뛰어넘는 혁신이 보이는 이유는 무엇일까? 대나무와 철판, 단 두 가지 재료를 못 세 개로 고정한 이 물건은 채소를 채 써는 용도의 강판으로, 채소가 안쪽으로 떨어지도록 대나무 둥근 쪽에 날을 세워 만들었다. 손잡이는 대나무 표면을 정리해 완성했는데, 매끄러운 표면보다 좀 거칠어 잡기도 편하고 손에서 빠져나가지 않을 것 같다. 철판과 대나무, 모스부호처럼 새긴 강판의 홈. 기능을 떠나 이 자체로 하나의 조각품 같다.

안쪽 역시 사각으로 무심하게 자른 면이 곡선과 대비를 이루어 깊이 있고 장엄해 보인다. 대나무 마디를 계산해서 잘라낸 손잡이, 그 손잡이에 난 구멍. 부엌 한쪽에 걸어두었다가 무를 잡고 쓱쓱 아래쪽으로 밀어 채를 쳤을까? 아니면 감자를 채 썰었을까? 공장에서 만든 것 같지 않은 이 강판은 누가 제작한 것일까?

생활하는 데 필요해서 만든 도구, 삶 자체가 녹아 있는 물건이 탄생한 시대의 속도감이 그려진다. 더디지만 더딘 만큼 깊은 맛을 지녔을 반찬, 이 도구로 만든 음식을 마주했을 식구들, 풍족함과는 거리가 멀었을 식탁. 지금 서울의 식탁은 그 시대와는 달라졌다. 풍요로움을 넘어 흘러넘치고 있다. 그로 인해 생기는 엄청난 음식물 쓰레기, 먹는 음식보다 남기는 음식이 더 많아진 서울의 식탁. 이런 도구의 정신적 면을 간직하지 못한 점이 아쉽다.

이 직사각형 강판 역시 사각 철판에 못으로 홈을 팠다. 가능한 한 거칠게 구멍을 만들었다. 구멍 간격을 맞추려 한 흔적에서 만든 이의 인내심을 엿볼 수 있다. 한 번도 겹치지 않게 집중하며 냈을 765개의 구멍. 그리고 그것으로도 부족했는지 반대편에 더 낸 32개의 구멍. 이 강판으로 무엇을 갈았을까? 얼마만큼 갈려고 이런 도구를 만들었을까? 지금 같으면 믹서로 스위치 한 번 누르면 끝날 일인데. 부족한 시대가 만든 물건 속에서 우리는 그 정신을 들여다봐야 한다.

젊은 디자이너들이 서울 부엌에 존재하던 도구를 한층 진화한 모습으로 새롭게 디자인해보면 어떨까. 강판 같은 도구를 새롭게 디자인한다면, 아니 재현한다면 음식 문화도 달라지지 않을까. 넓은 의미에서 민예가 되고 공예가 되지 않을까 싶다.

epilogue

어머님이 편찮으신 후 큰형님이 김장을 담당하고 있다. 지금까지는 어머님이 김장을 해서 김치냉장고에 보관해두면, 우리가 필요할 때마다 가져다 먹는 시스템이었다. 그래서 부모님이 사시는 대부도 집엔 김치냉장고가 세 대나 있었다.
큰형님이 김장을 책임진 후부터 김치를 먹지 않는 식단으로 바뀌었다. 솔직히 말해 김치가 맛이 없다. '꾸리다!' 가끔 "김치 떨어졌지? 가져다줄까?"라는 전화가 오면 아직 있다고 '뻥을 치고' 있다. 줄어들지 않는 김치, 김치찌개를 끓여도 맛이 나지 않는 김치를 누가 좋아할까? 큰형님은 "야, 이번 김치 끝내주더라!"라고 하지만.
아르메니아에서는 우리네 김장처럼 부엌에 소독한 유리병을 쌓아놓고 딸기가 나면 딸기잼, 살구가 나면 살구잼을 만든다. 마당에서는 남자들이 보드카를 빚는다. 가지 철이 되면 가지잼을, 오이가 나면 피클을 담그고, 토마토가 나면 끓여서 페이스트를 만든다. 마치 된장 담그는 것처럼. 여름에 과일이 쏟아져 나오면 뜨거운 햇빛에 말려 유리병에 담는다. 그리고 유리병을 지하 카브에 하나둘 쌓아놓는다. 여름부터 겨울 첫눈이 오기까지 차근차근 준비한다.
겨울엔 여름에 저장한 음식을 하나씩 개봉해 여름의 강렬한 태양이 만든 비타민을 섭취하면서 보낸다. 겨울에 토마토가 날 리 없고 오이가 자랄 일 또한 없다. 신선한 딸기도. 우리의 김장과 아르메니아의 저장 음식이 다른 점은 우리는 수능을 치르듯 겨울이 오기 전 배추를 수확하는 시기에 해치운다는 것이고, 아르메니아는 봄부터 서서히 준비한다는 것이다. 동네마다 슈퍼마켓이 지천인 도쿄나 파리는 급할 게 없다. 편의점과 슈퍼마켓에 24시간, 1년 내내 저장되어 있으니까.

언젠가 서울에서도 집집마다 김장을 하는 풍경이 사라질 것이다. 편의점과 슈퍼마켓, 거대한 식품 회사가 아마도 김치냉장고를 삼켜버릴 것이다. 그 후 서울 사람들은 아마 같은 공장에서 만든 김치를 먹지 않을까?

어떤 형태로든 김장 문화가 계속되었으면 하는 바람이 있다. 서울시에서 11월 며칠은 김장 담그는 날로 정해 국경일로 지정한다면 김치 문화가 더욱 발전하지 않을까? 김치가 '기무치'로 변하는 세상에 손 놓고 한탄할 수만은 없지 않은가.

배추 농가를 살리고, 수요를 예측해 농작물을 재배하고, 어린아이도 자연스럽게 김치 담그는 법을 부모에게 물려받고…. 그렇게 되면 집집마다 김치 맛이 다양해지고, 김치 담그는 전통이 이어지지 않을까? 서울의 상징이 김치가 될 수도 있을 것이다.

슈퍼마켓이 도마를
몰아내고 있다

도마와 부엌칼에서 아름다움을 느낀다는 건 어떤 의미일까? 최대한 자연스러운 모양의 도마 위에 놓인 부추 한 단과 부엌칼이 미묘한 색의 조화를 이룬다. 이런 풍경이 미술관의 작품처럼 보이는 이유는 무엇일까? 불과 몇십 년 전 일상의 풍경이 이국적 풍경을 담은 정물처럼 변한 건 왜일까?

소나무를 반 토막으로 자르고, 표면을 대충 정리하고, 대칭이 되도록 사선으로 적당히 잘라 만든 안정된 다리…. 이것이 전부다. 도마의 본질만으로 이루어진 형태. 계산도 필요 없이 중간을 도려낸 다리는 이 이상 안정적일 수 없다. 부엌을 지키는 붙박이 가구처럼.

도마 위에 오랫동안 사용해 닳아버린 찔뚝한 부엌칼 한 자루가 놓여 있다. 부추를 자를 수 있을까? 그럴 힘이 남아 있을까? 예전의 날카롭던 칼날은 녹 속에 숨어버렸다. 무수한 칼질로 쇠는 마모되고 도마는 국물이 담길 정도로 파였다. 칼날과 나무의 반복된 싸움. 도마가 이렇게 강한 존재이던가.

사람 손길이 미치지 않은 본래의 아름다움을 자연미라고 한다. 이 도마는 사람에 의해 다듬어졌지만 원시적인 아름다움을 유지하고 있다. 이런 유형의 도마를 간직하고 있는 나라는 많지 않다. 일본 역시 나무 도마를 사용하지만 깔끔하게 각이 진 형태로, 곡선은 찾아볼 수 없다.

이 도마를 만든 이는 어떤 사람일까? 부엌의 존재감을 아는 사

람임이 틀림없다. 집 안의 중심이 된 부엌에서 도마는 오랫동안 존재감을 과시했다. 도마를 이용해 만든 음식으로 얼마나 많은 식구가 배를 채웠을까? 그 시간 동안 물에 씻겨 소나무의 송진이 빠지고, 각진 모서리는 무언가에 부딪쳐 무뎌졌다. 세월은 이제 뭔가를 담을 수 있을 만큼 여유도 갖게 해주었다. 하지만 이 물건은 세상에서 슬쩍 물러나 있다. 세상이 변해서일까, 필요에 의해서일까?

지금은 오브제처럼 변한 이 나무 도마는 한동안 부엌에서 부동의 자리를 차지했다. 모든 재료가 이 도마 위에서 썰리고 잘리곤 했다. 생선, 두부, 고기, 나물, 배추, 무, 전, 포기김치, 오징어, 부추를 썰기에 딱 알맞은 길이의 도마는 이제 우리 삶에서 쓰임새가 사라졌다. 요즘 부엌에는 칼집이 나지 않고 종잇장처럼 얇은 항균 도마가 자리하고 있다.

지난여름, 프랑스 브르타뉴의 친구 집에서 지냈다. 한 달여를 함께 지내면서도 도마를 사용한 기억이 가물가물하다. 바게트를 잘라 먹는 작은 빵 도마가 있었지만 손으로 뜯어 먹었다. 치즈를 잘라 먹는 도자기 도마도 있었지만 포장된 상태에서 잘라 접시에 놓고 나머지는 포장째 냉장고에 넣어두었다. 도마는 프랑스인의 삶에서도 존재감 없는 소품에 불과했다. 도마가 사라진 이유가 뭘까? 내가 내린 결론은 슈퍼마켓 때문이 아닐까 한다.

슈퍼마켓에서 사 온 식재료는 포장지를 뜯어 가스레인지 불을 켜고 프라이팬이나 냄비에 넣으면 요리가 된다. 깨끗하게 손질된 재료는 칼을 댈 필요가 없다. 샐러드용 채소는 물로 씻은 후 손으로 얼기설기 잘라 볼에 담으면 되고, 씻어서 나온 샐러드는 포장지를 뜯기만 하면 된다. 오이, 양파, 당근은 손에 쥐고 작은 칼로 자르면 된다. 고기도 정육점에서 원하는 크기로 잘라준다. 생선 역시 손질한 후 깨끗이 씻어 잘라서 주니 프라이팬이나 오븐에 구워 먹기만 하면 된다. 이처럼 도마 대신 슈퍼마켓이 요리를 준비해준다.

한식은 양식과 다르지만 우리의 부엌 풍경도 많이 바뀌었다. 많은 사물이 도마를 대신하고 있다. 김치를 먹을 때도 도마 없이 가위로 해결하는 세상이다. 결국 서울의 일상에서 도마는 서서히 필요 없는 존재가 되어버리지 않을까? 한 집안의 역사는

부엌을 중심으로 돌아간다. 하루 세끼를 먹어야 사는 지구인에게 부엌은 에너지를 만드는 공장과 같다. 부엌의 중심에 밥을 짓는 밥솥이 있고, 식재료를 손질하는 도마가 있다. 식사 준비를 하기 전 가장 먼저 하는 행동이 도마를 싱크대에 놓는 것이었다. 도마를 중심으로 그 집의 음식 문화가 전달되었다. 할머니에게서 딸로, 며느리에서 손주로…. 생명체를 유지하기 위한 필수 준비 과정인 셈이었다. 절대 사라져서는 안 되는 물건이 도마인지도 모른다. 어설픈 가위로 음식을 만들 순 없다. 가위는 단지 유용한 도구일 뿐이다. 도마는 도구가 아닌, 대체할 수 없는 서울의 음식 문화를 지키는 핵심이다. 부엌에 있는 안정된 도마 덕분에 서울의 문화는 맥을 이어가고 있다. 이 얼마나 중요한 물건인가! 도마가 우리 부엌에서 사라지지 않는 한 서울의 맛은 이어질 것이다.

하지만 슈퍼마켓이 더 똑똑해지고 영악해진다면 도마의 힘은 갈수록 미약해질지 모른다. 어쩌면 그 시간은 생각보다 빨리 다가올 수도 있다.

epilogue

프랑스에서 요리를 해 먹을 때의 일이다. 스파게티의 핵심은 양파다. 하지만 양파 다듬기는 정말 고역스럽다. 이런 문제를 단번에 해결해주는 도구가 있다. '미니 아슈아르mini hachoir'다. 프랑스 친구 제랄의 주방에서 발견한 신통방통한 도구로, 프랑스 주방의 꽃이라 할 만하다.

아슈아르의 특징은 다져야 할 재료를 넣고 줄을 당기기만 하면 된다는 점이다. 당기는 횟수에 따라 다져지는 정도가 달라진다. 크게 다지려면 한두 번 슥슥 당기면 된다. 청양고추를 잘게 다지려면 고추를 넣고 열 번 정도 당기면 완벽하다. 프랑스 요리는 주로 도구를 쓰거나 손과 칼로 해결하지 도마에 의존하지 않는다. 그래서 실제 주방에서 사용하는 도마도 크지 않다. 도마 위에 올려놓고 재료를 손질하는 것을 그다지 신뢰하지 않는다는 이야기다.

양파를 도마에 올려놓고 파스타 소스에 넣을 정도로 다지기 위해서는 눈물이 앞을 가릴 수밖에 없다. 양파 수프도 마찬가지다. 양파를 손질할 때 아슈아르 하나면 완벽하다. 플라스틱으로 만들어 비싸지도 않다. 슈퍼마켓에서 흔히 파는 물건이다. 프랑스에 간다면 아슈아르를 구입해보기를 추천한다. 신통방통한 이 도구 덕분에 눈물을 흘리지 않고 다진 양파로 만든 라구 알라 볼로네제 파스타와 카레를 맛있게 즐길 수 있을 것이다. 슈퍼마켓이 도마를 몰아냈다고 애통해하더니 도마 대용품을 강력 추천하는 건 뭐냐고? 이율배반적이지만 양파를 썰며 눈물 흘리는 것만큼은 피했으면 하는 마음에서 그렇다.

물을 끓이면서
주전자가 서울로
돌아오기를 기다린다

내가 왜 주전자에 집착하는지 모르겠다. 한참 동안 주전자를 바라보면서 생각해도 그 이유가 아리송하다. 그냥 좋다. 가지고 싶고, 바라보고 싶고, 쓰고 싶어진다. 뭔가 내 심장에 주전자에 대한 근원적 애착이 내재되어 있는 것 같다. 이 애착은 어디서 왔을까? 세상엔 설명할 수 없는 일이 많다. 어디서부터 설명해야 할지 그 실타래를 찾을 수 없는 경우도 있고, 응어리진 확실한 실체가 있지만 설명할 수 없는 경우도 세월을 오래 살다 보면 더 많아진다.

30대를 일본에서 보내고 서른아홉 살에 한국으로 돌아올 때 이것 한 가지는 꼭 해보고 싶었다. 맑은 가을날, 경복궁 근처 한옥에서 한 달간 지내보고 싶었다. 로망이라면 로망이었다. 그 이유를 설명해 보라면 달리 이유가 없었다. 그냥 그 생활을 절실히 해보고 싶었을 뿐.

창호지 바른 오래된 문을 열어젖히면 깻잎과 풋고추가 자라는 뒤뜰이 있고 하늘이 내다보이는 집. 그런 한옥 툇마루에 앉아 책을 읽고 맥주를 마시고 싶었다. 밤이 되면 온돌방에서 둥근 자개 밥상을 펴고 글을 쓰거나 논문을 매만지고 싶었다. 방에는 아무런 가구도 없이 하얀 벽과 이불과 요만 있으면 했다. 방바닥엔 종이에 기름을 먹인 장지가 발려져 있으면 싶었다. 벽에는 옷을 걸 수 있는 못 하나가 박혀 있으면…. 햇볕에 말려 뽀송뽀송한 파자마를 입고 머리맡에 주전자를 두고 자고 싶었다. 새벽에 주전자에 담아놓은 물 한 모금으로 숙취를 달래고 싶었다. 서촌에 꿈의 공간을 마련한 동기 중 하나가 바로 이

주전자였다.

  이 스테인리스 주전자는 정종 주전자다. 지금은 소주가 대세지만, 예전엔 좀 격식 있는 음식점에선 무조건 정종이었다. 중탕한 정종을 주전자에 담아 내왔다. 아가리가 짤쏙한 일본 도자기 도쿠리는 일인용이라 몇 모금 마시면 바닥이 드러난다. 남의 음식과 자신의 음식을 확실히 구분 지어 식사하는 일본의 음식 문화와 비교하면 이 정종 주전자는 어른 같다. 주거니 받거니 하면서 이야기를 풀어내는 우리의 술 문화엔 이런 주전자가 제격이다.

  낮게 가라앉아 안정감 있는 원형 몸통, 적당한 높이, 60도 각도로 기울어진 힘찬 주둥이. 하지만 이 주전자 디자인의 핵심은 뒤로 물러난 뚜껑에 있다. 대칭을 무시한 뚜껑의 배치는 물리학적으로 무게중심의 변화를 고려한 디자인이다. 주전자를 기울여 술을 따르면 무게중심이 변하는데, 뚜껑 덕분에 무게중심이 다시 뒤로 이동해 안정감 있는 자세를 유지하는 것이다.

  소주 한 병 정도 되는 360cc의 술이 들어가는 이 주전자의 디자인 중에서 가장 멋진 부분은 술을 따르기 위해 앞으로 기울여도 뚜껑이 나자빠지지 않도록 뚜껑에 붙인 시계태엽처럼 생긴 잠금장치다. 누가 이런 디자인을 생각해냈을까? 따듯한 정종 한잔처럼 멋지다! 이

주전자가 연출한 서울의 밤은 어떤 풍경이었을지 자못 궁금하다.

내가 아끼는 또 하나의 주전자는 알루미늄으로 만든 것이다. 생각보다 무게감이 있다. 두께가 있기 때문이다. 수직으로 길쭉한 몸통과 비례를 맞추기 위해 내려 앉힌 손잡이 디자인이 독특하다. 기와집 같은 뚜껑 또한 독특하고 멋지다. 손잡이와 뚜껑이 일체감을 이룬다. 부피 1.5L, 무게 1.5kg의 이 주전자가 가벼워 보이는 것은 길쭉한 비례감의 디자인 때문이다. 만약 가로로 퍼졌다면 무거워 보였을 것이다. 지금 보아도 세련된 모습이 오래된 물건 같지가 않다.

주전자 손잡이 고리에 찍힌 'Made in Korea'. 주전자 안쪽은 검게 그을렸다. 보리차를 끓이다 태운 것일까? 찌그러지고 검게 그을린 바닥, 군데군데 움푹 파인 자국 등 세월에 의해 완성된 모습이 정겹다. 날카로운 금속이 세월과 더불어 너그러워졌다.

오른쪽 이 유리 주전자의 용도는 무엇이었을까? 투명한 유리 속에 어떤 농밀한 액체를 담았을까? 술이었을까, 주스였을까? 유리 장인이 만든 유려한 손잡이, 정갈한 뚜껑, 뚜껑을 보호하는 돌출된 입구, 표면을 장식한 포도 문양, 직선을 완벽하게 배제하고 곡선으로만 완성한 기교, 어느 한 곳도 충격에 의해 손상된 곳 없는 도도한 모습…. 세월의 흔적을 고스란히 간직하고 있는 이 유리 주전자는 누가 사용했을까?

10년 전, 골동을 취급하는 친한 분이 술 한잔하면서 "귀한 물건이니 교수님이 가지고 계세요. 여기에 술 담아 드시면 딱입니다" 했다. 내가 알고 있는 이 주전자에 대한 정보는 이게 전부다.

이런 유리 주전자를 사용한 시대는 어떤 세상이었을까? 주전자와 어울리는 소도구는 어떤 것이었을까? 이 물건의 주인은 서울에서 하루하루를 어떻게 보냈을까? 깨질 것 같은 이 유리 주전자는 서울에서 사라진 많은 이야기를 담고 있다.

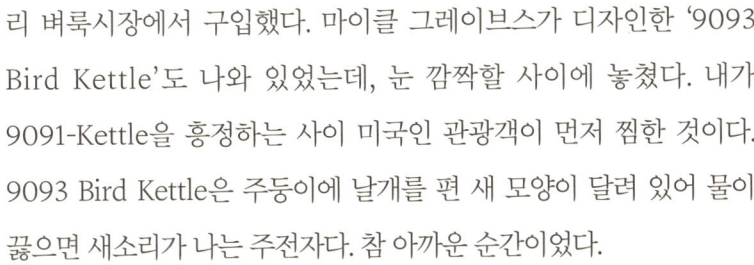

요즘 사용하고 있는 주전자는 리하르트 자퍼가 발명한 '9091-Kettle'로, 파리 벼룩시장에서 구입했다. 마이클 그레이브스가 디자인한 '9093 Bird Kettle'도 나와 있었는데, 눈 깜짝할 사이에 놓쳤다. 내가 9091-Kettle을 흥정하는 사이 미국인 관광객이 먼저 찜한 것이다. 9093 Bird Kettle은 주둥이에 날개를 편 새 모양이 달려 있어 물이 끓으면 새소리가 나는 주전자. 참 아까운 순간이었다.

9091-Kettle은 반원형 돔 같은 디자인이 안정감을 준다. 바닥은

스테인리스가 아닌 구리다. 열전도를 생각해 알루미늄보다 열전도율이 두 배 높은 구리를 사용했다. 이 주전자는 가스 불에 올려놓고 깜빡하는 것을 방지하기 위한 권총 모양의 주둥이가 핵심이다. 물이 끓자마자 권총처럼 생긴 입구에서 음계 '미'와 '시' 소리가 튀어나온다. 깜짝 놀라 주전자로 뛰어가게 만드는 이 소리가 나는 좋다. 이 소리가 있어 맛있는 커피를 마실 수 있다. 소리와 향과 커피, 이 주전자가 행복감을 주는 이유다.

요즘은 전기 포트가 대세다. 전기 포트가 일반화되자 서울 가정집 부엌에서 주전자가 사라졌다. 스위치를 누르면 1분도 안 돼 물이 끓는다. 양은 주전자보다도 더 빨리 끓는 주전자는 분명 새로운 시대를 열었다. 그 후 가스 불로 주전자에 물 끓이는 모습을 보는 것이 어려워졌다.

전기 포트로 물을 끓여 커피를 마시고 차도 마시고 컵라면도 먹는다. 주전자에 끓여서 냉장고에 넣어두고 마시던 보리차는 이제 페트병 생수로 대체되고 있다. 환경을 위해 플라스틱 사용을 줄여야 하는 서울. 그 과제를 해결하는 중심에 주전자의 부활이 있지 않을까? 주전자가 다시 돌아와야만 플라스틱이 줄어드는 서울이 되지 않을까? 이 환경 방정식에 주전자라는 변수가 있다. 주전자에 물을 끓이면서 그 시간을 지켜보고 있다.

epilogue

얼마 전 파리의 아랍 상점에서 구입한 주전자다. 주전자에 집착하는 인간으로서 주전자를 보면 당연히 시선이 간다. '아 이건 뭐지? 주전자구나!' 여기까지 생각이 갔다가 그다음 '앗, 플라스틱 주전자!'에서 생각이 멈췄다. 바닥에 'bouilloire OK'라고만 적혀 있었다. 부유아르bouilloire는 프랑스어로 '물 끓이는 주전자'라는 여성명사다. 'bouilloire OK'라고 했으니, 플라스틱임에도 정말로 보글보글 물을 끓여도 된다는 의미일까?

아랍 상인에게 물어본다.

"이 주전자에 물 끓여도 되나요?"

"물론!"

"이 주전자를 뜨겁게 데울 수 있다고?"

"물론! 이 주전자 특허출원 중이야."

"어떻게 이걸 불에 놓고 끓이냐?"

"끓인 물을 넣으면 되지!"

"…"

아랍 상인에게 당한 느낌이었다. 결국 물을 끓일 수 없는 플라스틱 주전자를 사들고 집에 왔다. '왜 나는 주전자에 집착하는가' 생각하면서. '물을 100℃로 끓이는 주전자 본연의 역할을 하지 못해 존재 의미가 없는 주전자에 주어진 역할은 무엇일까?' 뭐 또 이런 바보 같은 생각을 하면서. 금속의 날카로운 감각을 배제하고 알록달록한 색으로 위장한 주전자를 난 왜 구입해놓고 이런 허무맹랑한 생각에 빠져드는 걸까?

수저통과
소머리국밥집

내 취미 중 하나가 책상 치우기다. 물리 문제가 풀리지 않는다든지 마감이 다가오는데 머릿속이 하얗게 비워지면 하던 일을 멈추고 키보드와 모니터 사이 30cm의 공간을 치우기 시작한다. 이 일은 시작은 있지만 끝이 없다. 그리고 언제든지 지루하면 그만둘 수 있다. 세상에 지루하다고 맘대로 그만둘 수 있는 일은 흔치 않다. 그래서 세상에서 제일 편안한 마음으로 시작할 수 있는 일이 책상 치우기다.

키보드와 모니터 사이 30cm 안에는 학교생활에 필요한 모든 도구가 놓여 있다. 제일 많은 물건은 연필이다. 나는 조금 사용한 '중고 연필'을 보면 가지고 싶어진다. 대학원생 책상 앞을 지나다 사용한 연필이 있으면 새 연필을 놓고 그 중고 연필을 가져온다. 연필을 깎는 일은 향기가 있는 일로 항상 행복해진다.

얼마 전 서촌 통인시장 근처 즐겨 가는 소머리국밥집에 놓인 수저통을 보고 '아, 이거다!' 하는 생각이 퍼뜩 들었다. 순간 그 수저통으로 책상을 정리하자는 생각이 든 것이다. 주인아주머니에게 어디서 샀냐고 물어보니 통인시장 안 잡화점이라고 했다. 그 잡화점은 30년 이상 된 집으로 천천히 구경하면 오래되고 멋진 물건이 은근히 많았다. 이곳에서 RGV 컬러의 'Made in Korea' 수저통 세 개를 구입해 책상을 깔끔하게 정리했다.

수저통은 디자인이 수직에서 수평으로 진화했다. 예전에는 수직으로 세우는 수저통을 많이 사용했다. 이 플라스틱 수저통은 시골집

근처 폐가에 버려진 물건을 수집한 것이다. 얼마 전까지만 해도 가정집과 식당에서 흔히 사용하던 수저통이다. 디자인이 나름 멋지지만 치명적 단점이 있다. 수저가 가분수적 무게중심을 가지고 있어 쉽게 넘어진다는 것, 비위생적이라는 것이다. 나무젓가락을 사용하는 일본이나 중국은 아직도 노출된 수직의 수저통을 많이 사용하고 있다.

요즘은 대부분 뚜껑이 있는 수평의 수저통을 사용한다. 그 이유는 넘어지지 않는 안정된 상태로 수저를 보관할 수 있고, 칸을 이용해 숟가락과 젓가락을 분리할 수 있으며, 여러 사람의 손을 타지 않게 보관할 수 있는 최적의 물리적 디자인이기 때문이다.

술을 마시면 말이 많아지는 인간의 생물학적 특성상 입에서 침이 튄다. 세워두는 수저통은 탄알처럼 튀는 침의 공격 대상이 될 수 있다. 이런 공격을 피하는 유일한 물리적 방법이 방패 같은 뚜껑을 만드는 것이다. 그래서 탄생한 디자인이 뚜껑 있고 길게 누운 수저통이다. 우리의 기발한 발명품 중 하나가 이 수저통이 아닐까.

주말에 꼭 들르는 브런치 식당이 있다. 30년 역사의 소머리국밥집. 어느 때 들러도 계절에 맞는 맛을 느낄 수 있다. 겨울엔 국물이 몸을 데워주고, 봄엔 허해진 기운을 보충해주며 여름엔 더위를 이기게 해주고, 가을엔 겨울을 대비해 몸을 탄탄하게 만들어주는 음식이다.

바빠서 브런치를 거르면 한 주가 허하다. 외국에 오래 머물면 이 집이 그리워진다. 특히 파리의 뼛속까지 추운 겨울 날씨에는 온몸이 이 집 국밥 국물을 원한다. 토요일 아침, 인왕산을 향해 서촌 골목을 빠져나오듯 걷다 보면 이 소머리국밥집이 날 기다린다. 소머리국밥을 영어로 번역하면 좀 살벌하다. 'ox head rice soup.' 프랑스 친구 제랄이 해장할 겸 이 집에 들렀을 때 소머리국밥에 대해 설명해주었더니 말은 하지 않았지만 '개고기를 먹는 사람들은 다르구나' 하는 눈치였다. 그래도 소주 한 병에 국물까지 뚝딱 비웠다.

소머리국밥은 소 머릿고기가 들어간 사골 수프 같다. 부위별로 다섯 종류의 머릿고기가 들어간다. 그중 쫄깃한 뒷머릿살 부위는 소

머리국밥 속의 핵심 요원과 같다. 이 부분은 콜라겐 단백질 덩어리다. 뒷머릿살에 조개젓을 살짝 얹어 먹으면 저절로 탄성이 나온다. 콜라겐의 쫀득한 질감을 조개젓의 짭조름함이 완벽하게 잡아준다. 이 조합은 이 집의 발명품과도 같다. 소 머릿고기와 삭힌 조개젓의 조합을 생각해낸

창의적 미각은 세상 어느 곳에도 없는 우리만의 음식 문화다.

한적하게 브런치를 즐길 수 있던 이 집은 2년 전 수요일, TV에 노출된 이후 줄을 서야 먹을 수 있는 집으로 바뀌었다. 하루아침에. 오후 3시경이 되면 재료가 다 떨어져 문을 닫았다. 방송 이후 손님이 네 배 이상 들이닥치자 아주머니는 다리에 관절염이 생겼고, 아저씨는 기력이 떨어지고 잔병치레가 심해졌다. 백반을 포함해 다양했던 메뉴가 소머리국밥과 제육볶음 두 가지로 줄었고, 일요일 영업을 중단했다. 그 수요일로부터 2년이 지난 지금, 네 배까지 늘었던 손님은 다시 반으로 줄었다. '마의 수요일 효과'가 만든 소머리국밥집 풍경이다.

지금도 이 집 입구에서는 소머리국밥에 쓸 사골 국물을 밤새 끓이고 있다. 서울 한복판에서 나주 명물인 소머리국밥을 먹을 수 있다는 건 서울의 특권인지 모른다. 나주에 가면 조선 성종 때 세운 금성관 객사가 있다. 그 근처에 100년 전통의 곰탕집이 몰려 있다.

나주는 드넓은 평야가 펼쳐진 곡창지대로 농사를 짓기 위해 소가 많았고, 우시장이 발달했다. 일제강점기 일본인 다케나카 신타로라는 사람이 1916년 나주에 일본군 군수용 통조림을 만들기 위해 자신의 이름을 따 다케나카 군용 통조림 공장을 세웠다. 전국에서 소가 나주로 실려 와 하루에 300~400여 마리가 도축되었다. 많은 나주 사람이 통조림 공장에서 일했고, 통조림을 만들고 버려지는 부산물이 생겼다. 그 부산물로 지혜를 발휘해 음식을 만들어 나주 오일장에서 곰탕과 소머리국밥을 끓여 팔기 시작했다.

전쟁이 끝나고 해방이 된 다음 한국인 고종석 씨가 인수해 대동식품공업사를 세웠다. 통조림 만드는 기술을 이용해 나주 특산품이던 황도를 통조림으로 만들었고, 월남전 때는 김치 통조림을 만들어 월남에 파병된 군인에게 김치를 공급했다.

먹다 보면 맛있어지는 음식이 있고, 한번 먹어봐도 맛있는 음식이 있다. 소머리국밥은 전자가 아닐까. 처음 친구의 권유로 먹어봤는데 별 매력을 못 느꼈다. 좋지는 않지만 나쁘지 않다는 생각만 가지고 있다가 또 한 번 먹어보고, 그다음 근처에 있어 쉽게 먹게 되고, 그래서 자주 먹게 되고, 가끔 출출할 때 생각나기도 해 다시 찾아가 먹어보면 새로운 맛의 매력을 발견하고…. 그래서 그 음식이 더 편해지고, 다른 사람들에게도 소개시켜주고 그러면서 부담이 없어지면 그 음식과 친구처럼 친해지는 게 아닐까?

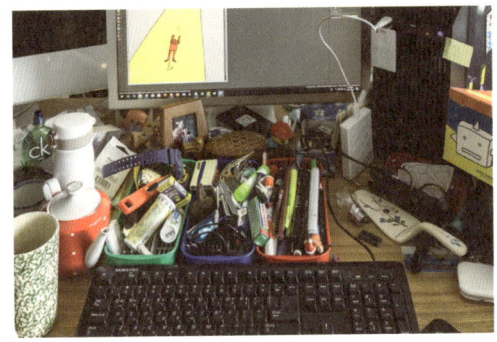

epilogue

수저통으로 깔끔하게 정리한 책상이 시간이 지나면서 다시 원 상태로 돌아오는 데는 일주일이 채 걸리지 않는다. 수저통에서 하나둘 탈출한 연필이, 가위가, USB가, 지우개가, 장난감 피겨가, 스테이플러가, 시계가 주변을 떠돌아다닌다. 어떤 때는 격렬하게 몰려다니기도 하고, 어떤 땐 빠른 움직임으로 떠돌아다닌다. 서서히 논문에 대한 압박감이 심해지고 마감이 다가오고 있다는 증거다. 삶은 이렇게 어쩔 수 없는 반복으로 이어진다.
주말, 막걸리 한잔과 함께 멋진 브런치를 기다리며 다시 책상 정리를 시작한다.

2NE1 씨엘 아빠, 이기진 교수의

서울 꼴라쥬

글·그림 이기진

1판 1쇄 발행 2018년 12월 31일

펴낸이 이영혜
펴낸곳 디자인하우스
서울시 중구 동호로 310 태광빌딩 우편번호 04616

대표전화 (02) 2275-6151
영업부직통 (02) 2263-6900
홈페이지 www.designhouse.co.kr
등록 1977년 8월 19일, 제2-208호

편집장 최혜경
편집팀 정상미
사진 이기진, 디자인하우스 사진팀
영업부 문상식, 소은주
제작부 이성훈, 민나영
디자인 나나바나

출력·인쇄 대한프린테크

이 책은 ㈜디자인하우스의 콘텐츠로 출간되었으므로
이 책에 실린 내용의 무단 전재와 무단 복제를 금합니다.
㈜디자인하우스는 김영철 변호사·변리사(법무법인 케이씨엘)의 자문을 받고 있습니다.

ISBN 978-89-7041-732-5 (03600)
가격 15,800원